PRINCIPY PRÁCE VE SKUPINĚ

Michael Laitman se svým Učitelem Baruchem Ašlagem

PRINCIPY PRÁCE VE SKUPINĚ

LAITMAN
KABBALAH
PUBLISHERS

Baruch Šalom HaLevi Ašlag (Rabaš)
Michael Laitman

Principy práce ve skupině / Baruch Šalom HaLevi Ašlag (Rabaš), Michael Laitman.

1. vyd. – Praha: Laitman Kabbalah Publishers, 2020. – 143 s.

ISBN 978-1-77228-031-9

Authors © Baruch Šalom HaLevi Ašlag (Rabaš), Michael Laitman

Translation: Jindra Ratajová, 2020

Proofreading: Československá skupina *Bnei Baruch*

Consultant: Yehudith Wiseman Savalle

Cover Design: Richard Monje

Original cover Photo: Mehdi Sepehri on Unsplash

Kabalisté přikládají skupině velký význam a celá otázka dosažení duchovního poznání je spojena právě s touto koncepcí. Protože skupina je prostředek, nástroj pro odhalení Světla, jeho studnice, zdroj Světla v našem světě. A Světlo je to jediné, jež činí všechno a probouzí všechny touhy.

V první části knihy jsou uvedeny sebrané články Barucha Ašlaga, věnované principům práce ve skupině.

Ve druhé části knihy Michael Laitman komentuje články Barucha Ašlaga a odpovídá na otázky studentů.

Obsah

Baruch Ašlag Články o skupině 7
O přátelství 9

Články Barucha Ašlaga, r. 1984 11
   1. Cíl vytvoření skupiny 11
   2. Láska k přátelům (1) 14
   3. O lásce k přátelům 14
   4. Člověk nechť pomůže bližnímu 16
   6. Láska k přátelům (2) 17
   7. Miluj bližního svého jako sebe samého 19
   12. Důležitost skupiny 22
   17. O důležitosti přátel 24
   18. Cíl skupiny 27

Články Barucha Ašlaga, r. 1985 30
   1. Udělej si *Rava* a získej si přítele 30
   8. Vztahy: člověk – Stvořitel, člověk – bližní, člověk – ostatní 35

Články Barucha Ašlaga, r. 1986 40
   20. Co znamená výše rozumu 40

Michael Laitman Principy práce ve skupině, r. 2004 51
   Vliv okolního prostředí na člověka 53
   Cíl vytvoření skupiny 60
   Cíl skupiny 69
   Láska k přátelům 78
   Miluj bližního svého jako sebe samého 86
   Láska k přátelům 94
   O důležitosti přátel 103
   Řád setkání skupiny 114
   Důležitost skupiny 120

   Další knihy v češtině 129
   Připravujeme 135
   O organizaci *Bnei Baruch* 139
   Kontakt 142

Baruch Ašlag

Články o skupině

O přátelství

Ještě tě poprosím, aby ses všemi silami snažil upevnit lásku přátel, promyslel různé způsoby, jak zvětšit lásku mezi členy skupiny, jak odstranit egoistické tendence, protože ty vedou k nenávisti, a mezi těmi, kteří pracují pro Stvořitele, vůbec nemůže být nenávist, ale naopak – milosrdenství a velká láska.

J. Ašlag. *Pri Chacham*, dopisy, s. 54.

Všechno špatné, co se vám přihodí, pochází z nevyplnění mé prosby: vyvinout větší úsilí v lásce k přátelům, nevyhnutelnost čehož jsem vám objasnil ve všech 70 jazycích jako to, co je dostatečné k tomu, aby se napravily všechny vaše nedostatky.

J. Ašlag. *Pri Chacham*, dopisy, s. 56.

Velmi mne udivuje, že mi píšeš, že mne nemůžeš pochopit. Věz, že je to jenom z oslabení v práci. Ale co mohu dělat!? Tak tedy, zejména nyní, když nejsem mezi vámi, přijměte na sebe povinnost být svázáni silným poutem lásky.

J. Ašlag. *Pri Chacham*, dopisy, s. 60.

Proč mi nesděluješ, nakolik je skupina jednotná, zda vzrůstá její shoda, kráčí-li v tom směru od vítězství k vítězství – neboť to je základ veškeré naší budoucnosti?

J. Ašlag. *Pri Chacham*, dopisy, s. 74.

Přirozeně se s vámi chci spojit tělem i duší v přítomnosti i v budoucnosti, ale nemohu konat jinak než v duchovním a v duši. Protože znám vaši duši, mohu se s ní spojit, ale vy – ve vašem srdci – nemáte možnost pracovat jiným způsobem nežli materiálním, jelikož neznáte moji duchovnost, abyste se s ní mohli sjednotit. A pokud to pochopíte, pochopíte také, že v sobě necítím žádné oddálení od vás. Ale vy přirozeně potřebujete fyzický kontakt. Je to však nutné pouze pro vás a pro vaši práci, ale ne pro mne a pro moji práci. A tímto si vyjasňuji mnohé otázky.

J. Ašlag. *Pri Chacham*, dopisy, s. 91.

Jak mohl absolutně dobrý Stvořitel stvořit tak nedokonalý, zlý svět? Jak si On mohl usmyslit stvořit stvoření, která by během celého svého života trpěla?

Příčina a cíl všech utrpení na světě tkví v tom, aby si lidstvo uvědomilo, že zdroj veškerého jeho utrpení je egoismus a jeho odmítnutím se získává dokonalost.

Odpoutáme-li se od egoismu, vymaníme se ze všech nepříjemných pocitů, jelikož egoismus je protikladný ke Stvořiteli. Všechna utrpení jsou spojena pouze s egoismem našeho těla. Egoistická přání byla stvořena jen kvůli jejich vykořenění, ale utrpení, která tato přání provázejí, slouží k odhalení nicotnosti a škodlivosti egoismu.

A když bude s osvobozením se od egoismu souhlasit celý svět, odstraní se tím všechny obavy a všechno špatné a všichni si budou jisti zdravým a naplněným životem, protože každý bude mít celý veliký svět, který se o něho bude starat.

Ale doposud egoistická přání vytvářejí obavy, utrpení, vraždy a války. Pouze egoismus je příčinou všech bolestí, nemocí těla i duše. **Všechna utrpení v našem světě existují jenom proto, aby nám otevřela oči a postrčila nás k tomu, abychom se zbavili zlého egoismu těla.**

Cesta strádání nás k tomuto žádoucímu řešení přivádí. A věz, že Přikázání o vztazích k přátelům jsou důležitější než Přikázání o vztahu ke Stvořiteli, protože odevzdávání přátelům vede k odevzdávání Stvořiteli. („Vede" znamená, že pouze láska k přátelům vede k lásce ke Stvořiteli.)

Články Barucha Ašlaga, r. 1984

1. Cíl vytvoření skupiny

(1)

Shromáždili jsme se zde, abychom položili základy struktury skupiny pro všechny, kdo chtějí kráčet cestami Ba'ala HaSulama podle metodiky, jež představuje cestu, která umožňuje stoupat po stupních člověka a nezůstat na úrovni zvířete, jak je mudrci řečeno o verši: „Vy – ovce Moje, pastva Moje, vy – člověk."[1] „Vy jste nazýváni člověkem, a modloslužebníci nejsou nazýváni člověkem"[2] – což je výrok Rašbiho[3].

Abychom mohli pochopit úroveň *člověka*, uvádíme zde výroky mudrců o verši: „Poslyšme závěr všeho: před Stvořitelem se třeste a dodržujte Jeho přikázání, protože v tom je celý člověk."[4] *Gemara* se ptá: „Co znamená: ,v tom je celý člověk'?" Rabi Ele'azar řekl: „Celý svět byl stvořen pouze kvůli tomu"[5] – tj. celý svět byl stvořen pouze kvůli strachu před Stvořitelem.

A je třeba pochopit, co znamená „třást se před Stvořitelem". Neboť se ukazuje, že to je příčina, proč byl stvořen svět. Ze všech výroků mudrců je známo, že příčinou stvoření bylo (přání) přinést blaho Jeho stvořením. Jinými slovy, Stvořitel zatoužil potěšit stvoření, aby se na světě cítila šťastná. Zde však mudrci řekli o verši „v tom je celý člověk", že příčinou stvoření je „strach před Stvořitelem".

Avšak to je vysvětleno v knize Darování Tóry, kde je řečeno, že stvoření nepřijímají blaho a potěšení, ačkoli to je příčina stvoření,

---

[1] Kniha proroka Ezechiela 34, 31.
[2] Traktát *Bava Mecia* 114, 2.
[3] Rabi Šimon bar Jochaj (רבי שמעון בר יוחאי), zvaný Rašbi (RaŠBI, רשב״י), byl mudrcem ve 2. stol. n. l.
[4] Kazatel 12, 13.
[5] Traktát *Brachot* 6, 2.

kvůli rozdílu vlastností mezi nimi a Stvořitelem. Vždyť Stvořitel je Dávající a stvoření přijímající. A existuje pravidlo, v souladu s nímž se větve podobají svému kořenu, ze kterého se narodily. Jelikož pro náš kořen není příznačné přijímání, tj. Stvořitel nepociťuje nedostatek, nemá potřebu něco přijmout a naplnit Svůj nedostatek, člověk se cítí nepohodlně, dokud musí být přijímajícím. Z toho důvodu se každý člověk stydí jíst chléb z milosti.

Aby to bylo možné napravit, bylo nutné vytvořit svět. „Svět" (Olam, עולם) znamená ukrytí (He'elem, העלם), protože blaho a potěšení musí být skryta. Nač? Odpověď: kvůli strachu. Jinými slovy, aby měl člověk strach používat svou přijímací nádobu, která se nazývá „sebeláska".

Smysl tkví v tom, aby se člověk zdržel přijímání potěšení, po nichž touží, aby měl sílu k překonání vášně pro to, po čem touží.

A naopak, nechť přijímá potěšení, z nichž vyrůstá potěšení Stvořitele. Smysl spočívá v tom, aby si stvoření přálo odevzdávat Stvořiteli. A mělo strach před Stvořitelem, tj. před tím, aby přijímalo pro svůj vlastní prospěch. Vždyť potěšení, které člověk přijímá kvůli svému vlastnímu prospěchu, ho oddaluje od splynutí se Stvořitelem.

Na druhou stranu, když člověk plní jakékoli z Přikázání Stvořitele, musí mít na mysli, aby mu toto Přikázání poskytlo čisté záměry – aby zatoužil odevzdávat Stvořiteli, když toto Přikázání plní. Jak řekli mudrci: „Rabi Chananja ben Akašja říká: ,Zatoužil Stvořitel poctít *Jisra'el*, proto jim znásobil Tóru a Přikázání.'"[6]

Sešli jsme se zde proto, abychom založili skupinu, kde by každý z nás následoval tohoto ducha „odevzdávání Stvořiteli". A aby bylo možné dosáhnout odevzdávání Stvořiteli, je nutné nejprve začít dávat člověku – a to se nazývá „láska k bližnímu".

Láska k bližnímu je však možná pouze při sebeobětování. Na jedné straně by se každý měl snížit, ale na druhé straně bychom měli být hrdi, že nám Stvořitel poskytl možnost, abychom se mohli připojit ke skupině, kde má každý z nás jediný cíl: „aby *Šchina*[7] přebývala mezi námi".

---

[6] Traktát *Makot* 23, 2.
[7] Boží přítomnost.

A třebaže jsme tohoto cíle ještě nedosáhli, máme touhu jej dosáhnout. A mělo by to pro nás být také důležité, ačkoliv jsme ještě na začátku cesty. Ale doufáme, že tohoto vznešeného cíle dosáhneme.

(2)

Člověk je zpočátku stvořen jako nádoba pro přijímání potěšení, což se nazývá láska k sobě, egoismus. Proto, pokud člověk necítí, že něco získá, není schopen ani té nejmenší činnosti. Ale jestliže svůj egoismus nepřemůže, nemůže dosáhnout splynutí se Stvořitelem, to znamená *Hištavut ha-Cura* totožnosti vlastností a kvalit s Ním.

Jelikož je přemáhání egoismu v rozporu s naší přirozeností i s celou naší existencí, potřebujeme skupinu stejně smýšlejících, která nám dá velkou sílu k překonání našeho přání přijímat potěšení, jež se nazývá „zlo", poněvadž právě toto přání nám neumožňuje dosáhnout cíle, pro který byl člověk stvořen.

Proto potřebujeme skupinu, která by spojila ty, kdož mají stejné přání – dosáhnout tohoto cíle. V důsledku tohoto spojení se projeví ohromná síla, která každému z nás pomůže bojovat se sebou samým, jelikož se maličká síla každého z nás spojí se silami ostatních a dojde ke znásobení síly.

Nastane to, že každý získá ohromné přání dosáhnout cíle. Ale k tomu, aby se to mohlo uskutečnit, je nutné, aby každý člen skupiny potlačil, zmenšil svoje „já" vzhledem k ostatním. Učinit to lze jen tehdy, když nevnímá nedostatky přítele, ale naopak obrací pozornost pouze na jeho dobré kvality. Pokud si jeden člen skupiny myslí, že je byť jen malinko lepší, než jsou ostatní, již se s nimi nemůže opravdu spojit.

V době shromáždění skupiny je třeba být seriózní a neodklánět se od cíle, kvůli kterému jsme se shromáždili. Jak již bylo řečeno, cílem je dosažení splynutí se Stvořitelem.

Ostatní lidé, kteří nejsou členy skupiny, tento cíl nemají znát, protože se člověk nemá ničím vyčleňovat z okolí, ve kterém se nachází.

Členové skupiny, kteří se navzájem spojují, musí mít podobná přání a cíle, aby mohl každý sám sebe anulovat vzhledem k druhým.

Členové skupiny nesmí dopustit lehkomyslnost ve svém srdci, protože ta vše ničí. Ale jestliže se náhodou na shromáždění skupiny dostane někdo cizí, není možné ukazovat, že se tato skupina liší od jiných shromáždění, a vše musí vypadat, jakoby se nacházeli na stejné úrovni s nezvaným hostem.

2. Láska k přátelům (1)

Je řečeno: „A našel ho (Josefa) člověk, když se toulal po poli, a zeptal se ho ten člověk: ‚Co hledáš?' On odpověděl: ‚Bratry své hledám, řekni mi, kde pasou?'" Co znamená: „Člověk se toulá po poli?" Pod pojmem pole se míní místo, na kterém musí vyrůst dary země dávající obživu celému světu. Jak je známo, polní práce jsou: „orání", „setí", „sklízení". Je řečeno našimi mudrci: „To, co je seto se slzami, s radostí bude sklizeno." A to se nazývá pole, kterému požehnal Stvořitel.

Ba'al Thurim toto místo vysvětluje, když hovoří o tom, že se zde jedná o člověka, který sešel z cesty duchovního rozvoje, nezná pravou cestu, je zoufalý a myslí si, že nikdy nedosáhne svého cíle. „A zeptal se ho ten člověk: ‚Co hledáš – Levakeš?'" Slovo *Levakeš* má v hebrejštině dva významy: hledat a prosit. Tudíž je otázce „člověka" možné porozumět také takto: „O co prosíš?" – namísto: „Co hledáš?" tudíž: „Jak ti mohu pomoci?" A Josef mu odpovídá: „Bratry prosím (hledám)," tj. chci být ve skupině, kde se nachází láska k přátelům, a pak se dokážu pozvednout po cestě, jež vede ke Stvořiteli.

Tato cesta se nazývá „cesta odevzdání". Ale naše přirozenost je úplně protikladná, tuto cestu nenávidí. Z toho důvodu existuje pouze jeden způsob, aby člověk mohl jít touto cestou: být ve skupině, kde existuje láska k přátelům a kde každý může pomoci svému příteli postupovat vpřed právě touto cestou.

A řekl člověk: „Odešli odtud." Raši vysvětluje: přetrhali pouta bratrské lásky, což znamená, že se s tebou nechtějí spojit. A to nakonec vedlo k tomu, že se národ Izraele ocitl v egyptském vyhnanství. A abychom vyšli z Egypta, musíme se spojit do skupiny, ve které existuje láska k přátelům, a díky tomu budeme hodni z Egypta vystoupit a obdržet metodiku duchovního vzestupu.

3. O lásce k přátelům

Nyní vysvětlím několik otázek, které souvisejí s pojmem „láska k přátelům":

1. Nezbytnost lásky k přátelům.
2. Proč jsem si vybral právě tyto přátele. Proč si přátelé vybrali mne?
3. Měl by každý přítel veřejně projevovat svoje city ve vztahu k ostatním členům skupiny, nebo stačí, aby svoje přátele miloval srdcem a tuto lásku neprojevoval navenek, a tímto setrvával ve skromnosti, neboť je skromnost, jak je známo, velmi důležitá?

Řeknu to jiným způsobem: měl by otevřeně projevovat svoji lásku k přátelům, kterou má ve svém srdci? Vždyť projev tohoto citu může probudit srdce přátel, kteří také pocítí stejný cit. V důsledku toho se budou pocity každého člena skupiny sčítat, přičemž společný cit, který vznikne, bude mnohem větší než prostý aritmetický součet.

Nastává to, že každý člen skupiny, pokud ta se skládá například z 10 lidí, získá cit 10 krát silnější, protože bude složen z 10 pocitů jeho přátel, neboť všech deset lidí chápe nutnost lásky k přátelům. Jestliže členové skupiny neprojevují svoje city otevřeně, pak každému z nich chybí ta kolektivní síla, jež je přítomna v prvním případě, který je uveden výše.

V takovém případě je velmi těžké hodnotit přítele pozitivně a každý si myslí, že právě on je spravedlivý a že pouze on miluje své přátele, a oni mu lásku neoplácejí vzájemností. Ukazuje se, že člověk má opravdu málo sil, aby mohl dosáhnout lásky k bližnímu. A z toho vyplývá, že v lásce k přátelům je nutné právě otevřené projevování citů, a nikoliv skromnost a umírněnost.

Avšak vždy je třeba mít na paměti, jaký je cíl vytvoření skupiny; v opačném případě se tělo člověka postará o zamlžení tohoto cíle, protože se tělo vždy stará jenom o vlastní prospěch. Proto je zapotřebí neustále pamatovat na to, že cílem vytvoření skupiny je realizace zákona „Miluj bližního svého", což je „odrazový můstek" pro dosažení lásky ke Stvořiteli.

Skupinu člověk potřebuje proto, aby mohl poskytovat přátelům potěšení, aniž by za to žádal cokoli; nikoliv proto, aby mu skupina pomáhala, a tím naplňovala jeho egoistické touhy. Vždyť pokud každý člen skupiny, který je její součástí, spoléhá pouze na pomoc ostatních, pak se taková skupina zakládá na egoismu a pouze zvětšuje *Kelim* přijímání. Člověk v ní v tom případě vidí pouze nástroj pro uspokojení svých materiálních potřeb.

Proto je nutné vždy pamatovat na to, že skupina musí být založena na lásce k bližnímu. Každý člen skupiny od ní musí přijímat lásku k bližnímu a nenávist ke svému egoismu. Člověk spatří, že se jeho přítel snaží překonat egoismus, a to mu dodá doplňující síly. Záměry všech přátel směřují k jednomu celku. A pokud je v dané skupině 10 lidí, každý z nich získává síly všech deseti přátel, kteří překonávají svůj egoismus a směřují k lásce k bližnímu.

A pokud si všichni členové skupiny v důsledku falešné skromnosti vzájemně neprojevují svoje pocity, k zesílení jejich pocitů nedojde. Naopak, postupně každý z nich ztratí přání kráčet cestou lásky k bližnímu a vrátí se do područí lásky k sobě.

4. Měl by každý znát, co chybí kterémukoli z jeho přátel, aby věděl, čím je může naplnit, nebo se stačí starat o lásku k přátelům obecně?

4. Člověk nechť pomůže bližnímu

Otázka: Musí každý člen skupiny přesně znát, co právě chybí kterémukoli konkrétnímu příteli a čím mu může pomoci, nebo se stačí omezit na obecné pojetí „lásky k přátelům"?

Je třeba vyzdvihnout, že člověk může pomoci přátelům pouze tam, kde jsou bohatí a chudí, chytří a hloupí, silní a slabí atd. Vždyť pokud by byli jenom bohatí, silní a chytří, jak by bylo možné si navzájem pomáhat?

Ale existuje jedna vlastnost, která je společná všem – a to je nálada. Jestliže je nálada špatná, nepomůže ani bohatství, ani moudrost. Pouze druhý člověk může člověku pomoci pozvednout mu náladu a vytáhnout ho ze stavu splínu. Tehdy člověk znovu začne pociťovat příliv životních sil a pocítí, že se cíl nachází blízko.

Z toho plyne, že každý člen skupiny musí obracet pozornost na náladu svého přítele a v nevyhnutelném případě ho pozvedávat. Protože právě nálada je tím polem působnosti, kde může jeden člověk pomoci druhému.

6. Láska k přátelům (2)

„Miluj bližního svého jako sebe samého." Rabi Akiva řekl, že je to nejdůležitější zákon Tóry. To znamená, že když dodržujeme toto pravidlo, dodržujeme všechna Přikázání, která jsou v něm zahrnuta. Tehdy se zdá, jako bychom neměli nic více na práci.

Ale vidíme, že nám Tóra říká: „Co od tebe potřebuje Stvořitel? Pouze to, aby ses Ho bál." Ukazuje se, že je pro člověka nejdůležitější, aby měl strach před Stvořitelem, tj. pokud člověk plní tuto podmínku, pak tím plní všechny požadavky kabaly, a dokonce i zákon „Miluj bližního svého".

Podle slov rabiho Akivy v sobě zákon „Miluj bližního svého" zahrnuje i podmínku strachu před Stvořitelem. Mudrci s rabim Akivou [jakoby] nesouhlasí a říkají: „Ve všem poslouchej Stvořitele a boj se Ho, protože v tom je celý člověk." *Gemara* [část *Talmudu*] se ptá: co znamená „celý člověk"? Rabi Ele'azar řekl: „Řekl Stvořitel: ‚Celý svět byl stvořen pouze kvůli tomu,'" tj. celý svět byl stvořen pouze kvůli strachu před Stvořitelem. A podle rabiho Akivy je vše zahrnuto v pravidle „Miluj bližního svého".

Především si vždy musíme pamatovat, co je Cílem stvoření. Je známo, že spočívá v tom, aby On těšil stvoření. Pokud to tak je, tj. jestliže chce Stvořitel poskytovat svým stvořením veškeré blaho, které pro ně On připravil, tak proč existují tyto tři pojmy: víra, strach před Stvořitelem a láska k bližnímu? Jsou zapotřebí pouze proto, aby se naše *Kelim* připravily na přijetí toho blaha, které pro stvoření připravil Stvořitel.

Nyní je třeba pochopit, jak právě tyto tři nápravy připraví naše *Kelim*. Víra je nutná kvůli tomu, abychom věřili, že Cílem stvoření je těšit stvoření, a také tomu, že je tohoto Cíle schopen dosáhnout každý z nás. To znamená, že Cíle stvoření mohou dosáhnout nejen obzvlášť obdaření lidé, ale všechna stvoření bez výjimky a není k tomu podmínkou zvláštní talent. Mudrci řekli v *Midraš Raba*: „Řekl Stvořitel: ‚Ovládání moudrosti a metodiky kabaly bude lehké pro toho, kdo se Mne bojí a plní její pokyny. Veškerá moudrost bude v jeho srdci.'"

Ukazuje se, že víra dává člověku jistotu v tom, že může dosáhnout Cíle, aby neztratil naději při prvních nezdarech. Víru člověk potřebuje kvůli tomu, aby se neodklonil ze středu cesty. Člověk musí věřit, že

Stvořitel pomáhá všem, dokonce i takovému nicotnému člověku, jako je on sám, aby dosáhl splynutí s Ním.

Aby byl hoden víry, je zpočátku potřebný strach, jak je řečeno v Knize *Zohar*: „Protože strach je náprava, jež v sobě zahrnuje všechny nápravy, které kabala vyžaduje splnit, a také je bránou víry ve Stvořitele. V souladu s probouzením strachu před Stvořitelem se zvyšuje víra v Jeho řízení." Co je to strach před Stvořitelem? Člověk se musí bát toho, že nedokáže Stvořiteli poskytnout potěšení, a nikoliv toho, že sám něco neobdrží (například následující svět). Takže strach před Stvořitelem je bránou víry, tj. beze strachu není možné být hoden víry.

A proto, aby před Ním člověk dosáhl strachu, tj. strachu, že nebude moci poskytnout potěšení Stvořiteli, musí nabýt vroucí přání poskytovat potěšení, tj. touhu odevzdávat. Ale člověk se zpravidla bojí něčeho se zříci, něco nepřijmout pro sebe, a přitom se nebojí, že nemůže něco odevzdat Stvořiteli.

Jak člověk může získat tuto novou vlastnost – přání odevzdávat – a zároveň pochopit, že mu přání přijímat pro sebe sama velmi škodí? Vždyť je to v rozporu s přirozeností člověka. Někdy, pod vlivem svatých knih mudrců, se člověk nesměle pokouší z nadvlády egoismu vymanit, ale jenom někdy. Člověk nemůže neustále plnit všechna Přikázání a myslet na to, že to nedělá pro vlastní prospěch.

Existuje pouze jediné východisko: shromáždit společně do jedné skupiny několik lidí, kteří mají pouze maličkou možnost se vymanit z nadvlády egoismu. Každý člen této skupiny musí anulovat sám sebe vůči druhému. Všichni členové této skupiny mají potenciál milovat Stvořitele. Když se tudíž všichni spojí do takovéto skupiny a ve vztahu k přátelům se pozvednou nad svůj egoismus, vytvoří spolu úplně novou bytost. A pokud je ve skupině například 10 členů, bude mít taková skupina 10 krát větší sílu, než jakou měl každý zvlášť.

Ale existuje podmínka: když se tito lidé spojili do skupiny, každý z nich musí přemýšlet o tom, jak překonat svůj egoismus, a nikoliv o tom, jak nasytit svoje touhy přijímat. Pouze touto cestou může získat novou kvalitu – touhu odevzdávat.

Od lásky k přátelům může přejít k lásce ke Stvořiteli, tj. člověk bude chtít poskytnout potěšení Stvořiteli. Ukazuje se, že je touha odevzdávat velmi důležitá a nezbytná a získat ji lze pouze s pomocí přátel. A tehdy je možné říci, že se člověk bojí Stvořitele, tj. bojí se, že nebude moci poskytnout Stvořiteli potěšení.

Základním kamenem, na kterém je možné postavit budovu Svatosti, je pravidlo „Miluj bližního svého", pomocí kterého je možné získat touhu poskytovat potěšení Stvořiteli. Pak vzniká koncept „strachu", tj. člověk se bojí, že nebude moci poskytnout potěšení Stvořiteli. Poté, když už má člověk bránu, která se nazývá strach před Stvořitelem, může být hoden víry. A víra je *Kli,* do kterého může vstoupit *Šchina.*
Ukazuje se, že máme 3 pravidla:
1. První z nich je pravidlo rabiho Akivy, tj. „Miluj bližního svého jako sebe samého". Je základem základů, tj. pokud se neplní, žádná síla nemůže zdvihnout člověka ze situace, ve které se nachází, protože pouze když člověk plní tento zákon, může přejít od lásky k sobě k lásce k bližnímu, tj. od egoismu k altruismu a pocítit, že je láska k sobě velmi škodlivá.
2. Poté přejdeme ke druhému pravidlu, tj. ke strachu před Stvořitelem, protože není-li strach, není ani víra (viz komentář *Sulam*).
3. Potom přecházíme ke třetímu pravidlu, tj. k víře. A poté, když splníme všechna tato pravidla, budeme hodni toho, abychom cítili, že Cílem stvoření je těšit stvoření.

7. Miluj bližního svého jako sebe samého

Jak již bylo řečeno, do tohoto pravidla je včleněno všech ostatních 612 náprav. V traktátu *Šabat* řekli mudrci, že pomocí vykonání 612 náprav se stávají hodni splnit pravidlo „Miluj bližního svého" a poté jsou hodni i lásky ke Stvořiteli.

Pokud je to tak, co nám dává láska k přátelům? V článku 5 bylo řečeno, že jelikož je v každém člověku láska k bližnímu velmi slabá a ještě se neprojevila, musí se několik lidí spojit do jedné skupiny. Když je nutné něco ve vztahu k druhému udělat a člověk si uvědomuje, že se ve svých myšlenkách rozhodl překonat svůj egoismus, vidí, že nemůže odmítnout malé potěšení ve prospěch druhého.

Pokud se několik lidí, kteří mají přání dosáhnout lásky k bližnímu, sjednotí do skupiny a každý z nich přemůže svůj egoismus vzhledem k druhému, pak každý z nich obdrží síly všech ostatních a dojde k navýšení všech dílčích sil členů skupiny do jedné veliké síly. Tehdy vznikne možnost splnit zákon „Miluj bližního".

Jakoby se ukazoval rozpor – mudrci řekli, že pro vyplnění tohoto zákona je zapotřebí splnit všech 612 pokynů, a my vidíme, že pro dosažení lásky k bližnímu je potřebná pouze láska k přátelům ve skupině.

V životě, jenž nás obklopuje, vidíme, že lidé, kteří se nacházejí mimo duchovní sféru, také chovají lásku k přátelům, také se shromažďují do různých skupin. V čem spočívá rozdíl mezi skupinou, která je vybudována na principu lásky k přátelům, a skupinami lidí zaměřených materiálně? V *Tehilim* je řečeno: „Ve společnosti posmívajících se neseď."

Co to však znamená? Vždyť jsou známy zákazy hovořit špatně o druhých, nebo vůbec říkat prázdné, hloupé věci. Proč byl určen zákaz trávení času ve společnosti posmívajících se? Je zřejmé, že se tento zákaz něčím liší od prvních dvou.

Jde o to, že se obvykle lidé spojují do skupin v naději, že se každý člen bude snažit zlepšit materiální situaci druhého. Tehdy se stává, že každý člen takové skupiny získá maximální materiální pomoc ze strany druhých. Každý člen takové skupiny se neustále tváří, že získal za svoji péči „ve prospěch společnosti" tolik, nakolik s pomocí druhých členů skupiny uspokojil svoje přání přijímat, takže je taková skupina založena na egoismu. Pokud člen takové skupiny začíná cítit, že sám o sobě může získat více, začíná litovat toho, že do ní vstoupil.

Jestliže se v takové skupině objeví člověk, který říká, že je nutné budovat skupinu na principu pomoci a lásky k bližnímu, všichni se mu začnou posmívat. To se nazývá „společnost posmívajících se". Taková skupina vzdaluje člověka od duchovního a v tom také spočívá zákaz: „Ve společnosti posmívajících se neseď!"

Naši mudrci řekli: „Je lépe, když jsou hříšníci odděleni; lépe je jim i celému světu, a ještě lepší by bylo, kdyby vůbec nebyli. Spravedlivým je však – naopak – lépe, když jsou pohromadě; je dobře jim i celému světu."

Spravedliví jsou ti, kteří chtějí plnit pravidlo „Miluj bližního svého jako sebe samého" a chtějí se vymanit z nadvlády egoismu a získat naprosto jiný rys – lásku k bližnímu. Celkem vzato, člověk může sám sebe přinutit to činit, ale to bude vynucená láska; srdce člověka s tím podle své přirozenosti nemůže souhlasit. Pokud je to tak, jak to tedy udělat, aby srdce upřímně milovalo bližního?

Právě kvůli tomu nám bylo dáno ostatních 612 náprav, prostřednictvím kterých je možné bez nátlaku „připravit" srdce. Protože to však je proti přirozenosti člověka, nestačí to. Proto jsou ještě doplňující rady: aby člověk mohl zvětšit své síly k plnění pravidla „Miluj bližního svého", potřebuje „lásku k přátelům".

Pokud každý člen skupiny ve vztahu k přátelům anuluje svůj egoismus, vznikne jediný organismus a maličké výhonky lásky k bližnímu, které má každý, se spojí a vytvoří novou velkou sílu a tuto velkou sílu bude mít každý člen skupiny. A když má každý tuto sílu, může projevit svoji lásku k bližnímu. A poté člověk může dosáhnout lásky ke Stvořiteli.

A to vše při závazné podmínce, že každý anuluje svůj egoismus vzhledem k druhému. Pokud je oddělen od přítele, nemůže od něho získat výhonky lásky k bližnímu. Každý si musí říci, že je nula vzhledem k příteli.

Je to podobné tomu, jak se píší čísla: když se napíše nejprve 1 a potom 0, získá se 10, tj. 10krát více. Pokud se za 1 napíší dvě nuly, získá se 100, tj. 100krát více. To znamená, že když je jeho přítel jedna a on nula, pak od přítele obdrží 10krát více. A pokud říká, že sám je dvěma nulami ve vztahu k příteli, pak obdrží od přítele 100krát více.

A pokud je, naopak, on jedna a přítel nula, získá 0,1 a je 10krát menší než přítel. A pokud může říci, že je jedna a má dva přátele, kteří jsou dvě nuly ve vztahu k němu, pak je 0,01 ve srovnání s nimi. Takže čím větším počtem nul hodnotí přátele, tím menší je on sám.

Ale stejně, i když už dokonce máš sílu pro lásku k bližnímu a můžeš ji reálně projevit, i když již cítíš, že ti osobní prospěch pouze škodí, v žádném případě si nevěř. Musíš mít stále strach, že se zastavíš uprostřed cesty a spadneš do područí egoismu. Musíš se bát toho, že ti poskytnou takové potěšení, které nedokážeš ustát, a budeš se jimi těšit pouze pro sebe sama.

To znamená, že již můžeš obstát před nevelkými potěšeními, netěšit se jimi, nebo se těšit, ale kvůli druhým. Ale velkých potěšení se musíš bát čili mít strach před Stvořitelem, o čemž jsme hovořili výše. Jestliže již máš i lásku k bližnímu i strach před Stvořitelem, zbývá ti nabýt pouze světlo víry, které vyvolá *Šchinu*. V komentáři *Sulam* je řečeno, že víra je dána v souladu s mírou strachu.

Proto je vždy třeba pamatovat na to, že je zapotřebí princip „Miluj bližního svého jako sebe samého" dodržovat jako zákon, tj. příkaz Stvořitele. Rabi Akiva nám vysvětlil, že je nutné z tohoto pokynu vytvořit železné pravidlo, s jehož pomocí můžeme vykonávat všechny skutky pro Stvořitele, a nikoliv pro svůj vlastní prospěch, jelikož člověk obvykle vykonává skutky, aniž by plnil pravidlo rabiho Akivy, nýbrž chová naději na získání odměny v budoucím světě (nebo ještě na tomto, materiálním světě).

Musí to být takto: když uskutečňujeme nápravy, tak skutečně obdržíme odměnu, ale odměnou bude to, že budeme moci překonat svůj egoismus a dospět k lásce k bližnímu a poté k lásce k Nejvyššímu. Mudrci o tom řekli: „Pokud bude člověk odměněn, kabala se pro něho stane elixírem života, a pokud odměněn nebude, tak se pro něho stane jedem smrti."

Znamená to, že pokud nebude odměněn, bude svoje činy vykonávat kvůli své sebelásce a díky tomu jeho egoismus jen naroste. A tehdy se pro něho kabala stane jedem smrti. Jestliže bude člověk odměněn, jeho egoismus zmizí a namísto něho získá lásku k bližnímu, s jejíž pomocí dosahuje lásky ke Stvořiteli, a jeho jediným přáním bude poskytovat potěšení Stvořiteli.

12. Důležitost skupiny

Je zřejmé, že pokud se člověk, který má určité přání kráčet cestou Pravdy, neustále nachází mezi lidmi, kteří k takové cestě nemají žádný vztah a kteří jsou aktivně nepřátelští k lidem, jež jdou touto cestou, tak začne postupně souhlasit s jejich míněním, tj. myšlenky lidí, kteří žijí v těsném vzájemném společenství, se jakoby mísí.

Proto není jiná cesta, nežli vytvořit svoji vlastní skupinu s určitými rámci, tj. oddělený kolektiv, ve kterém by nebyli lidé s idejemi odlišnými od idejí této skupiny. Mimo toho si členové této skupiny pokaždé musí vzájemně připomínat cíl této skupiny, aby nebyla odtažena druhými lidmi jinam, protože přirozenost člověka je taková, že rád následuje většinu.

Pokud se taková skupina oddělila od ostatních lidí, tj. v duchovní práci nesmí mít žádné spojení s druhými lidmi, ale všechny kontakty se musí omezovat pouze na materiální otázky, pak již na ni cizí ideje a názory nemají vliv, tj. nemají v duchovní práci žádné spojení s cizími.

Pokud se však člověk, který kráčí cestou Pravdy, nachází mezi takovými lidmi a začíná s nimi hovořit a přít se s nimi, okamžitě se jeho názory mísí s jejich názory a jejich ideje bezděčně, podvědomě pronikají do jeho vědomí až do takové míry, že si člověk přestává uvědomovat, že to nejsou jeho vlastní, ale cizí názory.

Takže se člověk, který kráčí cestou Pravdy, musí oddělit od druhých lidí. Aby bylo možné jít touto cestou, je třeba vynakládat velmi velké úsilí, neboť je třeba kráčet proti idejím celého světa, protože jsou ideje celého světa založeny na poznatcích a přijímání, a ideje kabaly se zakládají na víře a touze odevzdávat.

Jestliže se neoddělí od cizích názorů, zapomene na cestu Pravdy a navždy spadne pod nadvládu egoismu. A jenom ve skupině, kde vládnou principy lásky k bližnímu, může člověk čerpat sílu k boji proti idejím a názorům celého světa.

V Knize *Zohar* je řečeno, že pokud člověk žije ve městě, kde žijí špatní lidé a on tam nemůže vykonávat nápravy a učit se kabalu, pak mění místo – odpoutá se z tohoto místa, aby se usídlil ve městě, kde žijí lidé, kteří se učí kabalu.

Metodika kabaly se nazývá „Strom". Naši mudrci říkají: „Strom života je pro ty, kdo jej dodržují." A člověk se podobá stromu, jak je řečeno: „Člověk – plodící strom." A nápravy se podobají plodům. Proto, pokud je napsáno pouze „strom", je to neplodící strom, tj. k ničemu, který bude poražen jako člověk, který neuskutečňuje nápravy a bude odříznut od tohoto i od budoucích světů.

Proto se člověk musí odpoutat z místa, kde žijí hříšníci, tj. z místa, kde se nemůže zabývat kabalou. A musí se přemístit do jiného místa – do prostředí spravedlivých – a pak se může úspěšně učit kabalu.

Jak již bylo řečeno, *Zohar* srovnává člověka s plodícím stromem, a jak je známo, takové stromy trpí kvůli plevelu ve svém okolí, takže je nutné jej neustále odstraňovat. Také člověk, který kráčí cestou Pravdy, se z takového prostředí musí vzdálit, tj. stranit se lidí, kteří nekráčejí cestou Pravdy. Člověk si musí dát velký pozor, aby se nedostal do područí cizího vlivu.

A to se nazývá oddělení neboli izolace, tj. daný člověk má pouze vlastní myšlenky, které se vztahují k přání odevzdávat, a nikoliv myšlenky většiny, které nakonec vedou k sebelásce, tj. egoismu. A tomu se říká dvě vlády: první – vláda Stvořitele a druhá – vláda sebe samého.

V *Talmudu* je řečeno: »Adam byl narušitelem víry, jak je řečeno: „A zvolal Stvořitel k Adamovi a řekl mu: ‚Kde jsi? Kam si sklonil své srdce?'"« To znamená, že Adam odstoupil od víry a měl sklon k „sloužení hvězdám" (*Avodat Kochavim*). A druhé objasnění: „Z řečeného: ,Kde jsi? Kam si sklonil svoje srdce?' je možné učinit závěr, že Adamovo odstoupení od víry spočívalo v porušení zákazu ,nenásledujte vaše srdce...' Odstoupením od víry tudíž je, že odklonil své srdce na druhou stranu."

A je velmi podivné, jak je možné o Adamovi říci, že přiklonil srdce k *Avodat Kochavim*, neboli v souladu s druhým objasněním, že jeho odstoupení od víry spočívalo v tom, že porušil Přikázání „nenásledujte vaše srdce..." Učíme se, že „služba Stvořiteli" tkví v tom, aby bylo vše vykonáváno ve prospěch odevzdávání. Ukazuje se, že pokud Adam sloužil, aby přijímal, pak je to pro nás cizí práce (*Avoda Zara*, *Avodat Kochavim*), vždyť musíme sloužit proto, abychom pouze odevzdávali, ale on vzal vše, aby přijímal.

A v tom také spočívá smysl toho, že porušil Přikázání „nenásledujte vaše srdce...", tj. Adam nemohl přijmout plod Stromu poznání pro odevzdání, ale pouze proto, aby přijímal. A to se nazývá úroveň „srdce", tj. srdce chce přijímat pouze pro vlastní prospěch. A to bylo hříchem Stromu poznání (kvůli lepšímu pochopení viz Předmluvu ke knize *Panim Masbirot*).

Z řečeného výše si můžeme uvědomit prospěch skupiny, jež může vytvořit naprosto jinou atmosféru, ve které je možná služba pouze pro odevzdávání.

17. O důležitosti přátel

Existuje otázka: jak oceňovat důležitost přátel, kteří jsou členy skupiny, tj. jak se chovat ke svým přátelům? Člověk například vidí, že se jeho přítel nachází na nižším stupni, a on chce svého přítele poučovat, aby si vedl lépe, tj. vypadal lépe, než je.

Ukazuje se, že člověk nemůže být jeho přítelem, protože ho vidí na úrovni učně, a ne přítele. Jestliže člověk vidí, že jeho přítel stojí na vyšším stupni a že se od něho může poučit, tj. převzít od něho správné kvality, je připraven ho přijmout jako svého *Rava*, a nikoliv jako přítele.

A pouze když člověk vidí, že se jeho přítel nachází na stejné úrovni s ním, mohou se skutečně stát přáteli a vzájemně „splynout". Když říkáme „přátelé", míníme tím, že se oba nacházejí ve stejném stavu. Pokud mají stejné názory, ideje, mohou se rozhodnout se spojit a pak spolu mohou směřovat ke společnému cíli.

Připusťme, že jsou dva přátelé, kteří mají shodné ideje a společně vykonávají nějakou výnosnou práci. Pokud cítí, že mají rovnocenné síly, je vše v pořádku; rozdělují si výnos rovným dílem. Když však jeden z nich cítí, že je lepší než druhý, že přináší větší prospěch, pak chce obdržet větší část zisku.

Všechno je však úplně jinak, pokud hovoříme o lásce mezi přáteli – když se přátelé spojují ve prospěch absolutní jednoty, tj. když jsou si oba navzájem rovnocenní – to se nazývá jednotou. Pokud společně vykonávají nějakou práci a výsledky nerozdělují stejným dílem, pak to jednota není.

Pokud se jedná o lásku k přátelům, míní se tím, že vše, co získají společně, budou rozdělovat rovným dílem a díky tomu mezi nimi bude láska, mír a soulad.

Každý člen skupiny musí sám sebe považovat za nejvíce bezvýznamného ze všech a tehdy je schopen naslouchat mínění ostatních. Pokud člověk sám sebe považuje za vyššího, než jsou všichni přátelé, nemůže od nich nic převzít, tj. v hloubi duše si bude myslit, že stejně vše zná lépe než druzí. Mimo to se člen skupiny ke svému příteli musí chovat tak, jakoby se jednalo o nejvýznamnějšího člověka v jeho generaci. A tehdy bude mít skupina na něho blahodárný vliv a on se bude pozvedávat k našemu cíli.

Ale jak je možné, abych svého přítele považoval za lepšího, než jsem já, když jasně vidím, že naopak já mám větší talent a lepší kvality než on? Abychom v sobě potlačili takové myšlenky, existují dva způsoby.

První – pokud jsem si již vybral přítele, pak na něho vždy pohlížím z pozice „víry výše rozumu", tj. vidím jedno, ale věřím, že je můj přítel mnohem lepší, než se mi zdá. Druhý způsob je přirozenější – pokud jsem si vybral přítele, snažím se v něm vidět pouze dobré rysy a nevšímám si ničeho, co je v něm špatného.

Jak je řečeno v Knize přísloví: „Všechny hříchy přikryje láska." Vždyť, jak je známo, ochotně vidíme nedostatky dětí souseda, ale u svých vlastních je nevnímáme, protože nedostatky našich dětí přikrývá láska k nim. Zkuste říci člověku cokoliv špatného o jeho dětech a on ihned začne namítat a hovořit o dobrých rysech svých dětí.

Vyvstává otázka, proč je to tak? Slyšel jsem od Ba'ala HaSulama, že ve skutečnosti má každý člověk dobré i špatné rysy. Proto soused i otec hovoří pravdu.

Soused však necítí lásku k cizím dětem jako otec, který má oči zacloněné láskou a přeje si vidět pouze kvality svých dětí. Otec vidí pravdu neméně, ačkoliv ne celou; prostě nevnímá špatné vlastnosti svých dětí, protože mu to neposkytuje potěšení.

Takže láska k přátelům neustále vyžaduje, abychom vždy viděli pouze dobré vlastnosti přítele a nevnímali jeho nedostatky. Proto, pokud vidíš jakýkoliv nedostatek svého přítele, znamená to, že se nejedná o nedostatek přítele, ale tvůj, a podstata tohoto nedostatku spočívá v tom, že nemáš opravdovou lásku k příteli, protože vidíš jeho špatné vlastnosti.

Řád setkání skupiny:

Rozvrh dne musí být závazný. Například, každý člen skupiny musí podle svých možností hovořit o důležitosti skupiny, tj. jak je pro něho skupina prospěšná; že očekává, že s pomocí skupiny bude moci získat neobyčejně důležité cíle, které on sám získat nemůže. Proto si tak cení toho, že je členem skupiny.

Takže je nejprve nutné si uvědomit a vyzdvihnout důležitost skupiny a nezbytnost její existence. Obecně, je-li zapotřebí někoho o něco poprosit, měly by být splněny dvě podmínky. První – ten, koho prosím, to musí mít. Pokud, například, prosím o peníze, obracím se na bohatého člověka. Druhá – ten, kterého prosím, musí mít dobré srdce, tj. mít přání dávat druhým. Naši mudrci řekli, že je nejprve třeba vyzdvihnout velikost Stvořitele a potom už Ho o něco prosit.

To znamená, že pokud člověk věří ve velikost Stvořitele, věří tomu, že mu On může poskytnout všechny druhy potěšení a že je Jeho jediné přání těšit svá stvoření, pak je možné říci, že se člověk skutečně modlí, tj. věří, že mu Stvořitel opravdu pomůže. Proto On může poskytnout to, co si člověk přeje, a člověk se modlí s přesvědčením, že Stvořitel jeho modlitbu přijme.

Stejný princip je třeba uplatnit ve skupině, tj. nejprve je nutné vyzdvihnout velikost každého ze svých přátel. Nakolik bude člověk vychvalovat skupinu, natolik si jí bude také vážit.

Poté se člověk musí „modlit". Co to znamená? Každý člen skupiny musí prověřit sám sebe, kolik sil vynakládá pro skupinu. A pokud vidíme, že nemáme síly pro skupinu cokoliv učinit, musíme se modlit, aby nám Stvořitel pomohl a dal každému z nás sílu a přání milovat bližního.

Potom musí každý člen sebe samého uvést do souladu se třemi posledními úryvky ze *Šmone Esre*. To znamená, že poté, co člověk zformuloval svoji prosbu ke Stvořiteli, říká tři poslední úryvky, jakoby mu Stvořitel již dal to, oč prosil.

Stejně bychom měli postupovat i ve skupině. Tudíž poté, co člověk sám sebe prověřil a splnil výše uvedenou radu – pomodlil se, musí předpokládat, že je jeho modlitba již přijata Stvořitelem a člověk se společně se svými přáteli již stal jediným organismem. A stejně jako si tělo přeje, aby se měly dobře všechny jeho orgány, také člověk si nyní přeje, aby bylo dobře všem jeho přátelům.

A proto po všech těchto činech přichází čas veselí a radosti z toho, že vznikla láska k přátelům. A tehdy by měl každý pocítit, že je šťastný, jakoby nyní společně vydělali velmi mnoho peněz. A co v takovém případě dělají?

Připravují pohoštění pro své přátele, kteří mu pomohli. Proto každý člen musí připravit pohoštění, aby všichni pili a veselili se. V době setkání je třeba být veselý a v povznesené náladě.

Je čas nápravy a čas modlitby. Čas nápravy je úroveň celistvosti, dokonalosti, kde v ničem není žádný nedostatek, a to se nazývá „pravá linie". Nedostatek se nazývá „levá linie", protože místo, kde je pociťován nedostatek, potřebuje nápravu, a to se nazývá náprava *Kelim*. Podle metodiky kabaly je náprava pravá linie, tj. místo, které již (na své úrovni) nepotřebuje napravit.

Proto se metodika nápravy nazývá „dárkem". A jak je známo, dárky se dávají těm, kteří jsou milováni. A milováni jsou obvykle ti, kteří mají nedostatky. Proto v pravé linii není místo pro uvažování o nápravě. V době zakončení setkání je třeba vést sebe samého podle třech posledních úryvků ze *Šmone Esre*. Tehdy všichni pocítí dokonalost a celistvost.

18. Cíl skupiny

V těchto článcích je vysvětleno, jak vytvořit skupinu, a to je nezbytné pro všechny, jež si přejí kráčet cestou Ba'ala HaSulama. Tato cesta je předurčena těm, kdož se chtějí pozvednout na úroveň člověka a nesetrvávat na živočišné úrovni.

Pro pochopení úrovně „člověk" uvedu komentář našich mudrců k řádkům z *Kohelet* (Kazatel): „Závěr – boj se Stvořitele a plň Jeho pokyny, neboť ‚celý člověk' je v tomto". *Gemara* se ptá: „Co znamená ‚celý člověk'?" Řekl rabi Ele'azar: „Řekl Stvořitel – celý svět je stvořen pouze kvůli tomu." To znamená, že celý svět je stvořen pouze kvůli strachu před Stvořitelem.

Co je to strach před Stvořitelem? Proč se právě toto stalo příčinou stvoření světa? Vždyť na základě vyjádření našich mudrců víme, že příčinou stvoření světa bylo přání Stvořitele těšit svá stvoření, poskytnout jim možnost se cítit šťastně. A zde ze slov mudrců vyplývá, že ve strachu před Ním je celý člověk.

V článku *Matan Tora* je řečeno: „Příčinou toho, že stvoření nepřijímají veškeré blaho, které pro ně Stvořitel připravil, je odlišnost vlastností mezi Stvořitelem a stvořeními." Stvořitel – Dávající blaho, stvoření – přijímající. Existuje pravidlo, podle kterého v sobě nesou větve základní rysy kořenů, ze kterých pocházejí. Protože je naším hlavním kořenem Stvořitel, který nemá přání přijímat, člověk, který je přinucen se stát přijímajícím, zakouší pocit studu.

A kvůli tomu, aby to bylo možné napravit, bylo třeba stvořit svět. Slovo *Olam* (עולם, svět) je příbuzné ke slovu *Ne'elam* (נעלם, být skrytý), tj. v našem světě je před námi skryto blaho, které připravil Stvořitel. Proč to tak bylo učiněno? Kvůli tomu, aby člověk pocítil strach před Stvořitelem. Člověk se musí bát používat svá přání přijímat, tj. musí se bát být egoista.

To znamená, že člověk musí sám sebe zadržovat před přijímáním potěšení, pokud toto potěšení chce přijmout pouze pro sebe – člověk musí mít sílu k překonání vášně. Má povinnost dosáhnout stavu, ve kterém nepřijímá potěšení pro sebe, ale proto, aby tím poskytl potěšení Stvořiteli.

Bát se Stvořitele znamená bát se přijímat potěšení pro vlastní prospěch, a ne kvůli tomu, aby tím poskytl potěšení Jemu. Přijímání pro své zištné cíle člověka vzdaluje od spojení se Stvořitelem.

Proto v okamžiku, kdy člověk plní nějakou nápravu, musí mít na paměti, že ho to přivede k tomu, že se v něm projeví pozvednuté čisté myšlenky, takže bude chtít poskytnout potěšení Stvořiteli a právě touto cestou skutečně splní Jeho pokyny. V *Talmudu* je řečeno: „Chtěl Stvořitel očistit ty, kteří po Něm touží, a proto jim dal metodiku kabaly."

Shromáždili jsme se zde kvůli tomu, abychom vytvořili skupinu, ve které se každý z nás bude snažit poskytnout potěšení Stvořiteli. Ale proto, aby toho bylo možné dosáhnout, jsme zpočátku povinni se naučit poskytovat potěšení a odevzdávat člověku, tj. musíme se naučit milovat bližního. Pouze cestou překonání svého egoismu je možné dospět ke splnění tohoto zákona – lásky k bližnímu.

To znamená na jedné straně se anulovat ve vztahu k druhým (členům skupiny) a na druhé straně bychom měli být hrdi na to, že nám Stvořitel dal možnost vstoupit do skupiny, ve které má každý její člen pouze jeden cíl – dosáhnout toho, aby se *Šchina* (Přítomnost Stvořitele) nacházela v jejich středu. A ačkoliv jsme ještě tohoto cíle nedosáhli, máme přání to učinit a to již je velmi důležité. Nehledě na to, že jsme zatím na začátku cesty, očekáváme, že dospějeme k tomuto vyššímu cíli.

Články Barucha Ašlaga, r. 1985

1. Udělej si *Rava* a získej si přítele

V *Mišně* je řečeno: „Udělej si *Rava* a získej si přítele a ospravedlňuj každého člověka." Takže vidíme, že se zde jedná o tři věci:
1. udělej si *Rava*;
2. získej si přítele;
3. hodnoť každého člověka z lepší stránky.

To znamená, že „udělat" si *Rava* a získat si přítele je nedostatečné. Je nutné se ještě dobře chovat a hledat ospravedlnění pro všechny lidi.

Mimo to je nutné pochopit rozdíl mezi pojmy „udělej", „získej" a „ospravedlňuj". Slovo „udělej" vyžaduje praktickou činnost bez zbytečného uvažování. Kromě toho se rozum zpravidla té či jiné činnosti brání. Pojem „udělej" tedy vyžaduje činnost dokonce navzdory vlastnímu úsudku.

Pokud člověk na sebe přijímá vládu Vyššího řízení, nazývá se to „činnost". Je to podobné tomu, jak na býka nasazují jařmo, aby nám zoral pole. Dokonce i tehdy, když to býk nechce udělat, stejně ho silou přinutíme. Jestliže na sebe přijmeme Vyšší řízení, také to musíme udělat bez nejmenšího zaváhání.

Nesmíme to učinit proto, že z toho naše tělo pro sebe získá nějakou výhodu, ale proto, že tím chceme poskytnout potěšení Stvořiteli. Jak s tím však tělo může souhlasit? Naše služba proto musí být na úrovni *Lemala mi-ha-Da'at*, tj. víry výše rozumu. To se nazývá „udělat si *Rava*".

V Knize *Zohar* je řečeno, že je třeba se bát Stvořitele, protože On je veliký a řídí vše. Stvořitel je veliký, protože je kořenem všech světů, které z Něho pocházejí a šíří se z Něho. Jeho velikost se projevuje Jeho činy; On vše řídí, protože všechny světy – Vyšší i nižší – nejsou ve srovnání s Ním ničím a nic k existenci Stvořitele nepřidávají.

V souladu s tím, co bylo řečeno výše, se ukazuje, že by měl člověk začít z rady „udělej si *Rava*", tudíž na sebe musí přijmout vládu Vyššího řízení na úrovni víry výše rozumu. A to se nazývá „činnost", tj. pouze činnost bez porozumění, činnost navzdory přáním svého těla.

Poté je nutné „si získat přítele". Pojem „získání" vyžaduje zřeknutí se toho, co jsi měl dávno (například peníze), a namísto toho získání něčeho nového. Proto, aby člověk nabyl stav splynutí se Stvořitelem, tj. stavu jednoty vlastností s Ním, se musí zříci opravdu mnohého, tj. „zaplatit". Slovy „získat si přítele" se míní nabytí, dosažení stavu splynutí se Stvořitelem.

Avšak do té doby, nežli si člověk „udělá *Rava*", to znamená, že na sebe přijme vládu Stvořitele, není možné postoupit na následující etapu – „získat si přítele", tj. ke stádiu splynutí s *Ravem* (se Stvořitelem). Ale poté, co „si člověk udělal *Rava*", je možné od svého těla začít vyžadovat, aby upustilo od svých přání. A touto cestou je možné „nabýt" splynutí se Stvořitelem a touhu Mu poskytovat potěšení.

Čím více si člověk uvědomuje velikost *Rava*, tím více mu to dá sil, aby postupoval dále, do etapy „získej si přítele". Nakolik člověk pociťuje velikost *Rava*, natolik více bude vyžadovat od svého těla, aby upustilo od svých přání. Toto vše je nezbytné proto, aby člověk mohl splynout s *Ravem*. Člověk musí pochopit, že může učinit vše a vzdát se všeho, jenom aby dosáhl splynutí se Stvořitelem.

Ukazuje se, že pokud člověk vidí, že není schopen překonat touhy svého těla, tj. považuje se za člověka se slabým charakterem, není to pravda. Ve skutečnosti si tento člověk ještě neuvědomuje velikost *Rava*, tj. nechápe důležitost vlády duchovního nad sebou samým, a proto nemá síly k překonání. Když pochopí veškerou důležitost tohoto, poskytne mu to sílu se zříci tužeb těla a získat to, co si přeje, tj. splynutí se Stvořitelem.

Člověk je například velmi unavený a jde spát. Ve tři hodiny ho budí a říkají: „Pojď se učit kabalu." Rozumí se samo sebou, že člověk řekne, že nemá sílu vstát. A pokud cítí slabost a má mírně zvýšenou teplotu, tím spíše nebude mít sílu vstát. Jestliže však stejného člověka, který je velmi unavený, nemocný a se zvýšenou teplotou, v noci vzbudí a řeknou mu, že hoří jeho dům, pak okamžitě vyskočí s postele. Nebude při tom naříkat, že nemá síly, že je nemocný atd., ale ihned si pospíší hasit požár. Dokonce i velmi nemocný člověk v tomto případě vynaloží všechny síly, aby zachránil sebe, rodinu a majetek.

Proto člověk, který se skutečně pokouší „vytvořit si *Rava*" a věří, že na tom závisí jeho život, může překonat všechny obtíže, které na jeho cestě vznikají. Čím více bude pociťovat, že to je jeho život, tím více bude mít sil na boj s překážkami.

V souladu s tím, co bylo řečeno výše, vidíme, že veškerou službu člověka Stvořiteli (studium kabaly, modlitby) v dané fázi je nutné soustředit na uvědomování si velikosti *Rava*. Je zapotřebí se kvůli tomu mnoho a usilovně modlit. To se nazývá „pozvedávat *Šchinu*", která se nachází v prachu. Na zemi jí nepřiznávají patřičný význam. A co dělají s nepotřebnou věcí? Vyhodí ji. Proto člověk, který se chce duchovně rozvíjet, v první řadě musí „pozvednout *Šchinu* z prachu". To znamená, že musí správně ocenit velikost a význam uvedeného. A pro zvýšení velikosti se musí modlit a pak bude mít sílu patřičně ocenit *Šchinu*.

Vycházíme-li z uvedeného výše, můžeme pochopit smysl slov: „Dej úctu, Stvořiteli, národu Svému", která říkáme v modlitbě o svátku *Roš ha-Šana*. Na první pohled je obtížné pochopit, jak je možné prosit Stvořitele o úctu pro sebe sama. Vždyť mudrci řekli, že je třeba, abychom byli skromní. Jak můžeme prosit o úctu? Jedná se o to, že je zapotřebí chápat tato slova takto: „Dej pocítit úctu k Tobě národu Svému."

To znamená, že nemáme dostatek opravdové úcty ke Stvořiteli, vždyť je „město Stvořitele svedeno na nejspodnější..." a to se nazývá „*Šchina* v prachu". Nevynakládáme potřebná úsilí, abychom „si vytvořili *Rava*". Proto o svátku *Roš ha-Šana* – právě v tomto období, abychom na sebe přijali vládu Stvořitele – Ho prosíme, aby nám dal pocítit Svou velikost.

Když národ Izraele pocítí opravdovou úctu ke Stvořiteli, bude moci studovat kabalu a plnit její pokyny ve vší úplnosti. Proto se nám nedostává pouze uvědomění vážnosti a velikosti aktu splynutí se Stvořitelem. A nenajde se na světě ani jeden člověk, který by dal přednost smrti před životem, pokud, samozřejmě, cítí, že se může těšit životem.

Když člověk nemá chuť do života, může si vybrat i smrt. Protože člověk není schopen zakoušet utrpení, tj. je to v rozporu s Cílem stvoření, který, jak je známo, spočívá v tom, aby se stvoření těšila, tj. aby se těšila životem.

A proto, když člověk neshledává na životě nic dobrého a neočekává změnu k lepšímu, ukončí svůj život sebevraždou, protože nemá v životě cíl. Takže se nám nedostává pouze koncept „udělej si *Rava*", tj. abychom pociťovali velikost Stvořitele. Když se v nás projeví tento pocit [velikosti Stvořitele], všichni můžeme dosáhnout cíle – splynout s Ním.

Vysvětlím nyní, co měl na mysli Ješua ben Parchia, který uvedl tři věci:
1. udělej si *Rava*;
2. získej si přítele;
3. hodnoť každého člověka z lepší stránky – z hlediska lásky k přátelům.

Obvykle, když se říká „přátelé", mají se na mysli dva lidé s přibližně stejnými schopnostmi a rysy charakteru. Tito lidé snadno naleznou společnou řeč a spřátelí se spolu.

Připusťme, že se dva lidé čímsi společně zabývají. Přičemž každý z nich do tohoto díla vkládá peníze i síly stejným dílem. Tehdy si také rovným dílem dělí výdělek. Když ale jeden z nich vkládá více peněz nebo více sil, pak si také různým dílem dělí výdělek. Ukazuje se, že je jeden z přátel „výše" druhého.

Takže si oba přátelé musí být rovni schopnostmi i vlastnostmi.

Ale z druhé strany, jak je možné se něčemu od kohokoliv naučit, pokud není „výše" tebe? Ukazuje se, že proto, aby bylo možné něco od druhého převzít, je třeba předpokládat, že zná více. Ale pak ten druhý již nebude přítelem, nýbrž *Ravem*.

Proto je zapotřebí spojit pojmy „udělej si *Rava*" a „získej si přítele". Každý z přátel musí ve vztahu k druhému od něčeho ustoupit. Je to podobné tomu, jak se milující otec zříká odpočinku, aby pro syna vydělal ještě trochu peněz. Ale v tomto případě se jedná o přirozenou lásku. Takto ji stvořil Stvořitel, aby napomáhala existenci světa.

Ale pokud by otec nevychovával děti, protože je miluje, ale proto, že je to Přikázání, děti by zemřely hladem. Vždyť jak se dodržují pokyny kabaly? Někdy upřímně, celou svou duší; jindy – jen aby to bylo uděláno, aby byl čin považován za splněný.

Proto také dal Stvořitel rodičům přirozenou lásku k dětem, aby tato láska udržovala existenci světa. Láska k přátelům však není přirozená láska. Je zapotřebí mnoha úsilí, aby vznikla.

A zde je namístě pohovořit o polovině „získej si přítele". Když člověk pochopil, že proto, aby sloužil Stvořiteli, potřebuje pomoc, kterou může získat pouze od přítele, začíná omezovat svůj egoismus, aby udělal něco dobrého pro přítele.

Člověk začíná chápat, že je v jeho službě Stvořiteli nejdůležitější snaha o to, aby Mu poskytl potěšení. A to, jak je známo, je v rozporu s jeho přirozeností, protože člověk je stvořen s touhou přijímat výlučně pro vlastní prospěch. Proto je člověku dána možnost vystoupit z nadvlády egoismu a začít milovat bližního – a pomocí toho může dosáhnout lásky ke Stvořiteli.

Je tudíž možné si najít přítele, který se s ním nachází na stejné úrovni. Ale potom je nutné z přítele udělat *Rava*. To znamená, že je třeba předpokládat, že se přítel nachází na vyšší úrovni než on. Člověk však nemůže pohlížet na přítele, jako by měl kvalitu *Rava*, a na sebe jako na žáka. Ale v opačném případě se od svého přítele nemůže učit. A to se nazývá „udělej", tj. praktická činnost bez zvláštního filosofování. To znamená, že se člověk musí přinutit uvěřit, že je jeho přítel skutečně výše než on.

Pojďte nahlédnout do článku *Matan Tora*. Tam je řečeno: První podmínkou, kterou musí dodržovat každý student, je pociťování toho, že jsi nejnepatrnější ze všech přátel. Jak je známo, „velký" se nemůže učit od „malého". Pouze „malý" může převzít znalosti od „větších".

Takže vidíme, že se každý ze studentů musí pokládat za nejnepatrnějšího. To je třeba dělat na úrovni „výše rozumu" a to se nazývá „udělej si *Rava*". To znamená, že každý člen skupiny musí své přátele považovat za *Ravy* a sebe pouze za žáka. A to je velmi těžká práce.

Existuje pravidlo, že jsou nedostatky druhého vždy zjevné, ale vlastní nedostatky ne. A náhle je třeba vidět v druhém pouze dobré kvality a respektovat to, co řekne druhý.

Tělo s tím nesouhlasí. Aby člověk bral v úvahu, co říká druhý, jsou potřebná úsilí ze strany těla, a to postupuje vždy cestou nejmenšího odporu. Pro tělo je lepší slova druhého ignorovat, jen aby nevynakládalo úsilí.

Proto se také říká „udělej si *Rava*" – vždyť pokud tvůj přítel bude pro tebe *Ravem*, budeš povinen mu naslouchat, dokonce i když to bude v rozporu s tvými přáními. Rozum člověka se tomu staví na odpor a občas člověku říká, že může být *Ravem* on a jeho přátelé žáky. Proto říkají „udělej", tj. bez účasti rozumu.

„A hodnoť každého člověka z lepší stránky." (Vždy hledej ospravedlnění pro druhého.) Řekněme, že člověk si už „získal přítele". Jak se musí poté chovat ve vztahu k ostatním lidem? Člověk si například vybral několik přátel ze skupiny a s druhými se nechce přátelit. Jak se k nim musí chovat, když nejsou jeho přáteli? Ta okolnost, že si je nevybral za přátele, vypovídá o tom, že v nich nenašel dobré kvality, tj. ocenil je jako nižší, než je on sám.

Takže, jak se má člověk chovat k druhým lidem, se kterými se setkává ve skupině, nebo obecně ke všem lidem? O tom hovoří Ješua ben Parchia: „A ospravedlňuj každého člověka." Člověk vždy musí ospravedlňovat činy druhých lidí. A to, že v nich nevidí dobré vlastnosti, není jejich, ale jeho vina. Znamená to, že ještě nemá schopnost vidět kladné rysy druhých.

Všichni lidé jsou dobří a člověk, který kráčí cestou Pravdy, to postupně začíná chápat. Časem, v závislosti na úrovni pochopení, začíná stále více a více vidět, že je to pravda. Ale dokud to člověk nevidí, stejně musí ospravedlňovat všechny lidi. Člověk by neměl mít žádné nároky na chování druhých. Ale učit se a přejímat od nich (kromě od členů skupiny) nemusí nic.

8. Vztahy: člověk – Stvořitel, člověk – bližní, člověk – ostatní

Je nutné rozlišovat vztahy:
1. mezi člověkem a Stvořitelem;
2. mezi člověkem a jeho bližním ve skupině;
3. mezi člověkem a ostatními lidmi, kteří nejsou jeho přáteli ve skupině.

Je řečeno: „Vytvoř si *Rava* a kup si přítele" – to je cesta nápravy. Také je řečeno: „Ospravedlňuj každého člověka."

Co znamená „vytvoř", „kup", „ospravedlňuj"? Je třeba objasnit, že „vytvoř" v daném případě vychází nad rámec rozumu – tak jako v situaci, když rozum nechápe, jestli se něco vyplatí udělat, nebo ne. Jak je pak možné přijmout rozhodnutí, zda je to pro mne dobré, nebo ne? Pokud jsou si z pohledu rozumu dvě cesty rovnocenné, kdo potom přiměje člověka přijmout rozhodnutí, co má cenu dělat? A právě tehdy může přijmout rozhodnutí svým jednáním.

Takže před člověkem stojí dvě cesty:
1. pracovat ve prospěch odevzdání;
2. pracovat ve prospěch přijímání.

V těle člověka jsou části, které mu říkají: „Opravdu v životě uspěješ více, když budeš pracovat se záměrem odevzdávat? Skutečně v tom případě obdržíš potěšení?" Je řečeno: „Pokud tak činíš – šťasten ty v tomto světě, dobře tobě ve světě budoucím." A to je potvrzení dobrého počátku v člověku.

Potvrzení zlého počátku je opačné: lepší a výhodnější je pracovat se záměrem přijímat. A tehdy člověka přivádí ke správnému rozhodnutí jenom síla, která se nazývá „jednání vírou výše rozumu", ale nikoliv rozumem a nikoliv city. Proto se „jednání" nazývá „víra výše rozumu a zdravého smyslu". Ukazuje se, že víra je síla opačná k rozumu.

Činnost „kup" je činnost uvnitř rozumu, tj. v souladu s rozumem. Jako v našem životě, když si člověk chce něco koupit: prodavač mu nabízí zboží a on je postaven před výběr, zda stojí za to nakoupit za tu cenu, kterou požadují. Pokud nevidí, že je to výhodné, nekoupí. Ukazuje se, že pojmem „kup" se míní používání rozumu.

A nyní rozebereme pojmy *Rav* a přítel. Občas se pojmem „přátelé" míní skupina, ve které členové chtějí být společně v jediném spojení. To může nastat díky shodě vlastností, když se každý stará o bližního, tj. vztahy jsou založeny na základě lásky k bližnímu. Ukazuje se, že se touto cestou spojují a stávají se jedním celkem.

Proto, když se vytváří nějaké společenství, jež si za svůj cíl určí vytvoření jediné skupiny, pak lidé, kteří chtějí založit takovou skupinu, obvykle hledají ty, kteří jsou jim podobni přesvědčením a vlastnostmi. Musí více či méně pociťovat duševní blízkost. Ty, kdož se k tomu nepřibližují, nepřijímají do vytvořené skupiny.

Poté ve skupině začíná práce. Pokud od samého začátku, tj. ještě před tím, než se sjednotí do jedné skupiny, takové spojení neurčili za jediný cíl, nelze očekávat, že se něco z toho všeho podaří. A pokud před tím, než se stali skupinou, bylo zřejmé, že mají více či méně stejnou touhu, pak je možné říci, že jsou schopni začít práci ve skupině na dosažení lásky k bližnímu.

Mezi člověkem a Stvořitelem

Mezi člověkem a Stvořitelem je posloupnost práce taková, že je zpočátku třeba „si udělat *Rava*", poté již „si koupit přítele", tj. zpočátku musí člověk uvěřit výše rozumu, že je Stvořitel – *Rav* (tj. velký, převyšující vlastní já člověka). Jak je napsáno v Předmluvě ke Knize *Zohar*: „Nejdůležitější je strach před Stvořitelem, což znamená, že člověk musí mít respekt před Stvořitelem, protože je veliký a všemu vládne."

A v míře, v jaké věří ve velikost Stvořitele, který se v tomto případě nazývá *Ravem*, ve stejné míře má sílu pro čin „kup", tj. koupit si cestou zřeknutí se vlastního egoismu jednotu, soulad vlastností se Stvořitelem, což se také nazývá splynutí s Ním, a pak se Stvořitel nazývá Přítel (*Chaver*, חבר), poněvadž s Ním je potom ve spojení (*Chibur*, חבור). *Chaver* i *Chibur* jsou slova s jedním kořenem. Například, když si lidé v našem světě kupují různé věci, jsou povinni za ně zaplatit penězi nebo úctou, nebo prostě musí vynaložit úsilí, aby něčeho dosáhli. Chce-li tedy člověk získat spojení se Stvořitelem, je povinen zaplatit odmítnutím egoismu, jelikož jinak nedospěje ke shodě svých vlastností se Stvořitelem.

Když člověk vidí, že takového odmítnutí pro dosažení jednoty se Stvořitelem není schopen, musí chápat, že jeho neschopnost překonat vlastní egoismus nespočívá v tom, že se narodil se slabým charakterem. Jeho nedostatek spočívá v „udělej si *Rava*", tj. v tom, že nepracuje na víře. Protože pouze v míře, v jaké věří v důležitost a velikost Stvořitele, má sílu se zříci egoismu.

A ještě navíc musí člověk vědět, že pokud chce hodnotit velikost vlastní víry, může to vidět podle stupně omezení používání egoismu, na který je schopen dospět. Tehdy pozná, nakolik pracuje „výše rozumu" a to je správné mezi člověkem a Stvořitelem.

Mezi člověkem a jeho bližním

A mezi člověkem a jeho bližním, tj. mezi přáteli ve skupině, je nejprve potřeba říci „kup" si přítele a potom „udělej" si *Rava*. Protože v době, kdy si člověk hledá přítele, musí ho nejprve prověřit, zda skutečně má cenu se s ním spojit. Jak vidíme z modlitby, která je určena speciálně nám a vztahuje se k příteli a my ji říkáme, když se modlíme: „nechť bude přání": „Vzdal nás, Stvořiteli od špatného člověka a špatného přítele." Vycházíme-li z toho, co je vloženo na člověka ještě předtím, než druhého přijme za přítele, tj. prověřit ho ze všech stran, musí k tomu použít svůj rozum, a proto není řečeno: „udělej si přítele," jelikož pojmem „udělej" se míní činnost výše rozumu. Ve vztazích s bližními ve skupině tudíž člověk musí využívat svůj rozum, a nakolik je to možné, předem prověřit, je-li pro něho přítel vhodný z hlediska názorů a vlastností, aby věděl, jestli se s ním má sblížit, nebo se od něho vzdálit. O to se také každý den modlíme: „a vzdal nás od špatného člověka a od špatného přítele."

A tehdy, pokud vidí, že má cenu se s ním spojit, musí za to zaplatit, tj. zříci se egoismu a výměnou za to obdržet sílu lásky k bližnímu. A tehdy také může mít naději, že dospěje k síle lásky ke Stvořiteli.

Ukazuje se, že ve druhé etapě, když se každý musí něco naučit od druhého, začne být zapotřebí pravidlo „udělej si *Rava*", aby mohl říci, že je jeho přítel vyšší než on, a kvůli tomu musí používat „činnost", jelikož pouze výše rozumu může říci, že se jeho přítel nachází na vyšším stupni.

Proto je mezi člověkem a jeho bližním ve skupině taková posloupnost: zpočátku musí splnit „kup si přítele" a poté již „udělej si *Rava*".

Mezi člověkem a ostatními lidmi

Takže nám *Mišna* říká: „Udělej si *Rava*, kup si přítele a ospravedlňuj každého člověka."

Dříve jsme si vysvětlili, že mezi člověkem a jeho bližním ve skupině je takové pořadí: nejprve „kup si přítele", kde „kup", jak již bylo objasněno, znamená uvnitř rozumu, a poté již je třeba se zabývat tím, co se nazývá „udělej si *Rava*". A mezi člověkem a Stvořitelem je takové pořadí: zpočátku „udělej si *Rava*" a poté již „kup si Přítele", jak to bylo objasněno výše. Nyní je třeba rozebrat: co znamená, když říkají ve vztahu ke všem ostatním lidem „ospravedlňuj každého" – mají na mysli „kup", nebo „udělej"?

Na základě všeho, co bylo řečeno, bychom neměli interpretovat tento výrok jako „kup", nýbrž jako „udělej".

Připusťme například, že je synagoga, ve které se modlí hodně lidí. Uvnitř této skupiny se vytváří malá skupina lidí, kteří se chtějí spojit v jediný celek, v němž bude základem vztahů láska k bližnímu. Řekněme například, že je tam sto lidí, kteří se modlí, a deset z nich si přejí se sblížit. Je třeba rozebrat, proč si právě těchto deset lidí zvolilo se mezi sebou navzájem spojit, ale s ostatními lidmi ze stejné synagogy nikoliv.

Je možné, že příčina spočívá v tom, že se tito lidé považují za lepší ve srovnání s ostatními lidmi ze synagogy? Nebo je to proto, že jsou horší než ostatní modlící se lidé, a proto pocítili, že potřebují nějakou činnost, aby se pozvedli na vrchol Tóry a ke strachu před Stvořitelem?

Toto vše je možné vysvětlit následujícím způsobem. To, že tito lidé souhlasili, že se spojí do jedné skupiny, která je založena na lásce k bližnímu, je proto, že každý z nich pocítil, že mají jedno společné přání, které může sblížit jejich myšlenky a poskytnout jim možnost získat sílu pro tuto lásku. Od Ariho[8] víme, že „jak se sobě navzájem nepodobají tváře, tak se ani názory nepodobají jeden druhému". Nehledě na to, lidé, kteří souhlasili, že se spojí do jedné skupiny, pochopili, že mezi sebou nemají tak vzdálené myšlenky v tom smyslu, že všichni chápou nutnost práce na dosažení lásky k bližnímu. Proto je každý schopen ustoupit ve prospěch druhého a prostřednictvím toho se mohou spojit. Ale ostatní lidé již stejnou potřebu k této práci nepociťují, proto se s nimi skupina nemůže spojit.

Dochází k tomu proto, že když pracují ve prospěch spojení ve skupině, zároveň každý prověřuje druhého – jeho myšlenky, jeho charakteristické vlastnosti: má cenu ho přijmout, je toho hoden? Odtud pochází naše prosba v každodenní modlitbě: „a chraň nás od špatného člověka a špatného přítele". To se nazývá „kup si přítele" a míní se tím práce na základě rozumu.

Zpoza toho se ukazuje, že se pyšní před ostatními modlícími se ze synagogy. Ale jak je možné takto postupovat, vždyť je to v rozporu s pokyny *Mišny*: „Je třeba být velmi skromný".

O tom říká rabi Ješua ben Parchia: „A ospravedlňuj každého člověka." To znamená, že ve vztahu k ostatním lidem musí postupovat výše rozumu, což znamená stav „čiň" – tj. činnost, a nikoliv rozum. Protože s hlediska rozumu vidí, že nejsou tak schopní jako ti, které si zvolil za své druhy. A takto soudí každý. Ukazuje se, že každý vynáší sám sebe před ostatními!? A zde je možné doporučit jen „ospravedlňovat každého".

Má se tím na mysli ve vztahu ke každému člověku, tj. ve vztahu k ostatním, kteří se modlí v synagoze, a on musí každého ospravedlňovat a říci, že jsou ve skutečnosti důležitější než on a že je to jeho vina, že nemůže ocenit důležitost a velikost mas, protože uvnitř rozumu nevidí jejich velikost. Takže ve vztahu k bližnímu ve skupině, jak jsme již vysvětlili, musí člověk „koupit" a ve vztahu k masám musí „udělat" – to je výše rozumu a nazývá se to „ospravedlňuj každého".

---

[8] Rabi Jicchak Luria Aškenazi (רבי יצחק לוריא אשכנזי), zvaný Ari (HaARI, האר״י), žil v letech 1534–1572.

Články Barucha Ašlaga, r. 1986

20. Co znamená výše rozumu

Toto *Kli* je nutné používat jak ve vztazích mezi člověkem a přítelem, tak i ve vztazích mezi člověkem a Stvořitelem. Musí být zachováno vždy. To znamená, že tímto *Kli*, které se nazývá víra výše rozumu, nikdy není možné opovrhovat. Prospěšnější je však doba, kdy člověk ve vztazích mezi přáteli může vidět a znát přednosti přítele.

Ale přirozenost těla (přání přijímat) je protikladná, a proto člověk vždy vidí nedostatky přítele, a nikoli jeho přednosti. Proto je mudrci řečeno: „Je třeba soudit člověka, ospravedlňujíce ho." Tudíž nehledě na to, že znalosti člověku říkají, že jeho přítel nemá pravdu, vždy je třeba se snažit ho ospravedlňovat a to je možné pouze vírou nad rozumem.

Ale když ho může ospravedlňovat vědomě, je to prospěšnější. Řekněme, že pokud vidí, že se jeho přítel nachází na vyšším stupni než on a on to vidí (čili o tom ví), pak je níže svých přátel. A tak vidí, že jsou jeho přátelé více disciplinovaní ve studiu, na setkání přicházejí včas častěji než on, zajímají se o to, co se děje mezi přáteli, jsou připraveni každému pomoci, jak a s čím je to jen možné, a to, co slyší na lekcích, ihned přijímají jako návod k činnosti atd.

Je samozřejmé, že to lépe zabírá. Poskytuje to člověku sílu překonat vlastní lenost, když má vstát na ranní lekci. Tehdy se i jeho tělo na lekci více zajímá o učení, vždyť jinak bude zaostávat za přáteli. A ještě ke všemu se bude muset chovat více seriózně, co se týče duchovního, neboť jeho tělo nedokáže snést to, že je níže než ostatní. A ještě navíc mu jeho tělo v době, když se dívá na skupinu a vidí, jak všichni pracují pro Stvořitele, také poskytne sílu pracovat pro Stvořitele.

A důvod toho, že mu tělo pomáhá pracovat pro Stvořitele, spočívá v tom, že tělo není schopné vydržet svoji poníženost tak jako každé tělo – je to především hrdost, která se nemůže smířit se situací, že by někdo z přátel byl výše než on. Když tudíž člověk vidí, že je jeho přítel vyšší než on, nutí ho to k růstu všemi možnými způsoby.

Jak je řečeno mudrci: „Závist těch, kteří kalkulují, násobí moudrost." (Hra slov *Kin'at Sofrim*, קנאת סופרים, také závist k těm, kteří píší knihy, a také ke Stvořiteli, *Sofer*, סופר – Stvořitel.) Pokud tudíž každý hledí na skupinu a vidí, že se jeho přátelé nacházejí na vyšší úrovni jak v mysli, tak i v dílu, je samozřejmé, že se každý bude muset pozvednout na vyšší stupeň ve srovnání s tím, na kterém se nacházel v souladu s kvalitami svého těla.

To znamená, že dokonce i tehdy, pokud člověk nemá od narození velké cíle a nelákají ho pocty, stejně může z pocitu závisti získat doplňující sílu – to, co nemá od přírody, co mu nebylo dáno od narození. Míra jeho závisti je síla, která v něm vytváří nové síly, jež jsou ve skupině. S jejich pomocí získává nové kvality čili tu sílu, kterou nedostal od rodičů. Takže pomocí skupiny získává nové kvality.

Kromě kvalit, které má od narození od rodičů, se v člověku tímto způsobem objevují kvality, které získal od skupiny. A je to možné pouze pomocí síly spojení se skupinou, pomocí závisti, kterou má ve vztahu k přátelům v té chvíli, když v nich vidí kvality lepší, než má on sám. To ho pobízí, aby získal ty dobré kvality, které mají oni a on ne a které jim závidí. Když člověk vidí, že se jeho přátelé nacházejí na vyšším stupni než on a závidí jim, tato síla mu umožňuje obdržet zisk; získat od skupiny nové kvality.

Ale o tom je možné hovořit, jestliže člověk skutečně vidí, že se skupina nachází na vyšším stupni. V době, kdy k člověku hovoří zlý počátek (*Jecer ha-Ra*) a ukazuje mu, že je skupina v nižším stavu než on, a on pochopí, že tato skupina, se kterou se chce spojit, není pro něho, neboť se její členové nacházejí na stupních o mnoho nižších, než je ten, na kterém je on. A pokud je to tak, od takové skupiny nemůžeš nic přijmout, ale naopak, dokonce pokud máš od narození malé síly, síly takové skupiny, její kvality, jsou ještě menší než tvoje. A tehdy od nich naopak utíkej.

A pokud se chceš s nimi spojit, podívej se, nakolik tě všichni nechtějí poslouchat, když jim vysvětluješ, jak si má vest skupina v souladu s tím, jak to chápeš. Čili jak se mají chovat, když se spolu setkávají, jak se musí učit a modlit se. Aby byli seriózní a neveselili se prostě jen tak; aby nikdy nehovořili o materiálních věcech: o tom, kdo jak pracuje – lehce nebo obtížně, zda se někdo v práci trápí, nebo je v ní spokojen, jestli má někdo nespravedlivého vedoucího a je nucen ho strpět nebo jak ho utiskují spolupracovníci atd. O všelijakých malichernostech, které nemá cenu poslouchat, poněvadž jsou to všechno materiální věci, a ty jsi přišel na setkání skupiny výhradně kvůli vysokým cílům, čili chceš opravdu pracovat pro Stvořitele.

A dochází k tomu, že vždy, když chce člověk zapomenout na materiální, které mu ve skutečnosti proniklo do samotného srdce, a on mu chce uniknout a zapomenout, objeví se přátelé a začnou hovořit o materiálním. Ale jeho materiální svět přátel nezajímá, protože nyní usiluje o duchovní. A proč ho přátelé balamutí svými materiálními záležitostmi, vždyť se ho to vůbec netýká! Opravdu chci zapomenout na svůj materiální svět proto, abych měl čas přemýšlet o materiálních věcech přítele? Opravdu kvůli tomuto? A pokud je to tak, bude lepší, říká mi tělo, když mne poslechneš a odejdeš od nich, a tak určitě uspěješ více – nemá cenu si plnit hlavu nějakými hloupostmi.

Co je možné odpovědět tělu v době, kdy člověku ukazuje nízkost přátel? Vždyť jsou jeho nároky spravedlivé. To znamená, že když mu tělo radí, aby se nepřibližoval ke skupině, není to proto, že tělo chce, aby se člověk stal hříšníkem. Naopak mu tělo říká: „Když odejdeš ze skupiny, budeš ještě větším spravedlivým, budeš přemýšlet pouze o své duchovnosti a o materiálním pouze v nezbytné míře."

Ale pokud člověk zároveň s tím věří, že bez skupiny není možné pokračovat vpřed a dosáhnout lásky ke Stvořiteli, poněvadž je to odrazový můstek, který mu umožňuje se vymanit ze sebelásky a dospět k lásce ke Stvořiteli, neexistuje pro něho jiná rada – pouze jít vírou výše rozumu. Proto musí svému tělu říci: „To, že vidíš, že se přátelé příliš nesnaží dosáhnout lásky ke Stvořiteli tak, jak se o to snažíš ty, je proto, že ty jsi moje tělo a já vidím, že jsi více svaté než tělo mého přítele; to znamená, že ty chceš pracovat pro Stvořitele. A vidím, jak mi radíš opustit skupinu, neboť těla mých přátel vypadají nižší a nemají sílu skrýt své špatné kvality, ale vždyť je přijato, aby každý člověk skrýval před ostatními to zlo, které je v něm, aby si ho druhý vážil za jeho vysoké kvality. Ale zde je zlo v přátelích natolik velké, že nejsou schopni ho překonat a skrýt, aby ho druhý neviděl. Takže není pochyb o tom, že jsou v souladu s tím, co vidím, nižší. Nemohu tudíž postupovat vpřed, nehledě na všechny moje znamenité kvality! No vírou výše rozumu vyplním, co je řečeno mudrci: ,Velmi žádoucí je pociťování vlastní nízkosti.' To znamená, že musím jednat vírou výše rozumu a věřit, že se přátelé nacházejí na vyšším stupni, než je ten, na kterém jsem já. A tehdy, v souladu s mojí vírou, mohu od skupiny získat pomoc a podporu. Obdržet všechno, co je skupina schopna poskytnout."

Když na sebe člověk přijímá povinnost milovat přátele vírou výše rozumu, je to nutnost diktovaná absencí druhé volby, ale v rozumu vidí, že je spravedlnost na jeho straně.

Proto je právě ve vztahu k přátelům stupeň „v rozumu" důležitější než stupeň „výše rozumu". Poněvadž člověk, který se snaží prostřednictvím své práce přiblížit ke Stvořiteli a přeje si pracovat pouze ve prospěch odevzdání, v sobě ve skutečnosti začíná odkrývat špatné kvality. A ty se nepostihují rozumem, ale pociťují se srdcem.

Tudíž musí pocítit, že je nejhorší a nejnižší na celém světě. A pokud ještě k takovému pocitu nedospěl a zdá se mu, že je někdo horší než on, to určitě ještě nedosáhl uvědomění si zla. Znamená to, že se mu ještě neodhalilo zlo skryté v srdci. Poněvadž ho nemůže vidět, pokud v něm není alespoň trochu dobrého. Jako například ve tmě není vidět špína v domě. Ale když rozsvítí světlo, je možné vidět, že tam je.

A také, jestliže člověk nevykonává dobré skutky, tj. nezabývá se Tórou a modlitbou, a chce se přiblížit ke Stvořiteli, avšak nemá si čím posvítit na své srdce, aby měl možnost vidět všechno zlo, které se v něm nachází.

Proč tedy nevidí, že má v srdci více zla než všichni jeho přátelé? Je to proto, že mu ještě chybí vlastnosti dobra. Proto si o sobě myslí, že jsou jeho vlastnosti lepší než vlastnosti přítele.

Z řečeného vyplývá, že dokud člověk ještě vidí, že jsou jeho přátelé horší než on, znamená to, že ještě nemá vlastnosti Světla, aby spatřil zlo uvnitř sebe. Neznamená to však, že se všechno zlo, které se nachází v člověku, nazývá zlem. Protože toto zlo mají všichni a nazývá se touha přijímat ve svůj prospěch neboli egoismus.

Ale všechny rozdíly tkví v odhalení zla. Člověk necítí špatnost svého egoismu, protože nevidí, že mu bude špatně z toho, že se zabývá pouze uspokojením, naplněním svého egoismu, své sebelásky. Ale když začíná vykonávat duchovní práci cestou Pravdy, tj. přeje si dosáhnout splynutí se Stvořitelem, aby byly všechny jeho činnosti ve prospěch odevzdání, pokaždé obdrží trochu Světla, které mu ukazuje, že je touha přijímat pro sebe sama zlem. A to probíhá postupně tak, aby člověk pokaždé viděl, že mu to brání dosáhnout splynutí se Stvořitelem, a pokaždé zřetelněji vidí, že jeho touha přijímat je jeho trvalý nepřítel. Král Šalamoun nazýval egoistický počátek smrtelným nepřítelem, jak je napsáno: „Pokud je hladový tvůj nepřítel, nakrm ho chlebem, protože tím z jeho hlavy odhrnuješ horké uhlí."

Vidíme, že člověk ve skutečnosti musí pocítit, že je nejhorší ze všech, protože taková je pravda. A je také třeba pochopit, co řekli mudrci: „Duch soupeření zvětšuje moudrost." A k tomu dochází teprve tehdy, když člověk všechno vnímá svým rozumem. Ale když postupuje výše rozumu, pak převahu přítele nevidí natolik, aby mu mohl začít závidět, což by ho tlačilo k práci a úsilí, poněvadž k tomu zavazuje duch soupeření s přáteli.

Ba'al HaSulam vysvětlil výrok rabiho Jochanana: „Stvořitel viděl, že jsou spravedliví malého počtu, i vybral a rozptýlil je do každého pokolení," jak je řečeno: „Protože Stvořitel má pozemské základy a na nich stojí vesmír." A vysvětlil: „Rozptýlil je do všech pokolení," aby byli základem a podporou a začátkem existence vesmíru.

„Malého počtu" znamená, že je jich čím dál méně a že úplně mizí. Proto, co učinil On? „Vybral a rozptýlil je do každého pokolení." Tj. díky tomu, že je rozptýlil do každého pokolení, jsou početnější. A je třeba pochopit, jak díky rozptýlení do každého pokolení budou početnější. To znamená, že je zapotřebí pochopit, v čem spočívá rozdíl: nacházejí-li se všichni spravedliví v jednom pokolení, nebo jsou-li rozptýleni do všech pokolení, proč z toho, co řekl Raši, vyplývá, že se tím zvýší počet spravedlivých?

A on (Ba'al HaSulam) řekl: „Zásluhou toho, že budou spravedliví v každém pokolení, bude prostor pro ty, kdož nemají vhodné vlastnosti od narození, aby dosáhli splynutí se Stvořitelem. Takže se s těmito spravedlivými spojí a díky tomu, že s nimi budou spojeni, se budou učit jejich jednání a budou od těchto spravedlivých moci získat nové vlastnosti. Proto je rozptýlil v každém pokolení, aby se tímto způsobem zvětšil počet spravedlivých." Jak již bylo řečeno, nové vlastnosti je možné získat také pomocí spojení s přáteli. Když si je osvojí, budou hodni splynutí se Stvořitelem.

A pouze v případě, když člověk vidí přednosti přátel, je možné říci, že se naučí jejich jednání. Ale jestliže sebe vidí jako vyššího, než je, nemůže od nich nic převzít.

Proto je řečeno, že pokud tvůj egoismus poukazuje na to, že jsou tví přátelé horší a nižší než ty, musíš postupovat výše svého rozumu. Ale stejně by byl postup vpřed lepší a úspěšnější, kdyby to, že jsou přátelé vyšší než on, chápal svým rozumem. A začíná být pochopitelná modlitba, sestavená pro nás rabim Elimelechem: „Dej srdci našemu vidět ve svých přátelích pouze to lepší, a nikoliv jejich nedostatky".

Ale ve vztazích mezi člověkem a Stvořitelem je vše naprosto jinak. Zde je lepší postupovat výše rozumu, a pokud člověk klade víru výše rozumu, pak se nachází na pravé cestě.

Člověk však chápe svým rozumem jinak, tj. předpokládá, že pokud by se Vyšší řízení stalo odhaleným pro všechny a celý svět by se zabýval kabalou, nezůstali by ateisté, nýbrž by všichni byli věřící. Ale poněvadž je Jeho řízení skryté před nižšími, musí věřit – a to je obtížné, vždyť nám Stvořitel dal rozum a porozumění každé věci v souladu s tím, co se objevuje před našima očima. Všechny vztahy mezi lidmi hodnotíme naším rozumem a všechny poznáváme pouze myslí. Jak je řečeno: „Soudce vynáší rozsudek v souladu s tím, co vidí na vlastní oči." A ukazuje se, že se ve všem řídíme porozuměním uvnitř našeho rozumu, ale nikoliv nad ním.

Proto, když člověk začíná pracovat pro Stvořitele a musí následovat pokyn „přijmout na sebe víru výše rozumu", začíná přemýšlet: „Opravdu nevím, proč nám dal Stvořitel rozum? Abychom vše posuzovali v souladu s porozuměním, podle pochopení v našem rozumu? A jak mohu souhlasit s něčím, co směřuje proti našemu rozumu?" A pro naše tělo je velmi obtížné pochopit, že má cenu pracovat výše rozumu.

A výše rozumu je třeba být jak v mysli, tak i v srdci. A proto se každý nemůže zapojit do práce pro odevzdání – do práce výše rozumu. Kvůli tomu jsou ti, kteří přicházejí studovat kabalu, vyučováni podle pořádku, který doporučil ještě Rambam: začínají v *Lo Lišma* – ne pro Stvořitele, dokud se nerozšíří jejich znalosti a nezískají doplňující moudrost. Tehdy jim odhalují, co je základ práce ve prospěch odevzdání, která se nazývá práce pro Stvořitele – *Lišma*.

A je třeba pochopit, proč přednostně právě ve prospěch odevzdávání. Vždyť rozum zavazuje k opaku. Kdyby práce pro Stvořitele příslušela našemu rozumu, chtělo by pro Stvořitele pracovat více lidí. Ba'al HaSulam o tom řekl: „Aby si člověk nemyslel, že je práce výše rozumu, která je nám dána Stvořitelem, nízký stupeň. Musíme věřit, že je to velmi vysoký stupeň; že právě díky tomu má člověk možnost dosáhnout stupně ve prospěch odevzdávání a jinak by byl nucen pracovat ve svůj prospěch." Kdyby byla práce vykonávána rozumem, samozřejmě by bylo více pracujících, ale nikdy by nemohli dospět ke splynutí se Stvořitelem – k práci ve prospěch odevzdání. Práce by se sice vykonávala s větším zápalem, avšak neexistovala by žádná možnost dospět ke stavu, ve kterém by se člověk stal připraven k přijetí dobra a potěšení, jež mu chce Stvořitel dát. Vždyť je známo, že Jeho přáním je těšit stvoření.

Ale aby nebyl v přijatém potěšení nedostatek (tento nedostatek se nazývá stud), uskutečnila se náprava zkrácením (*Cimcum*), aby mohlo vyšší potěšení svítit pouze v míře podobnosti vlastností. To znamená, že stvoření přijímají potěšení pouze v míře svého přání odevzdávat, a dokud taková přání nemají, jsou přinuceni setrvávat ve tmě, což se nazývá slovy: „zemřou, aniž by nabyli moudrost".

Ale je nutné vědět, že je Světlo dokonce i ve stavu *Lo Lišma*. O tom je mudrci řečeno: „Nechť se člověk neustále zabývá kabalou *Lo Lišma*, protože z *Lo Lišma* přejde k *Lišma*, poněvadž ho Světlo vrací ke zdroji." Ale poté musí dosáhnout stavu ve prospěch odevzdání, tj. myslí i srdcem pracovat výše rozumu.

Co se týká vztahu k příteli, pokud ho může člověk milovat, chápe to svým rozumem a snaží se vidět, že se přátelé nacházejí výše než on ve svém spojení s duchovním – taková práce má přednost. Jestliže rozumem chápe, že jsou jeho přátelé ke splynutí se Stvořitelem blíže než on, spočívá v tom výhoda oproti stavu, kdy musí věřit výše rozumu. Když ve skutečnosti sebe vidí jako vyššího a vidí nižší stav svých přátel, věří výše svého rozumu a pamatuje na Přikázání, v souladu se kterým musí věřit, že nejsou takoví, jaké je vidí. Je samozřejmě lepší, pokud již dospěl k tomuto uvědomění.

Analogickým způsobem můžeme objasnit napsané: „Ale řekl Stvořitel Samuelovi: ‚Nehleď na jeho vzhled a jeho vysoký vzrůst, neboť Já jsem ho zavrhl.' Vždyť podstata netkví v tom, co vidí člověk, jelikož člověk vidí očima, Stvořitel však vidí to, co je v srdci."

Vidíme, že když Stvořitel poslal proroka Samuela provést obřad pomazání na krále jednoho ze synů Išaje, Samuel pochopil podle toho, co očividně spatřil, že Eliav, syn Išaje, je hoden se stát králem Izraele namísto krále Šaula. Stvořitel s tím nesouhlasil. A až nakonec, když k němu přivedli Davida a on byl „pasák ovcí, ruměný, s krásnýma očima a půvabný", řekl Stvořitel: „Vstaň a pomaž ho, neboť to je on!" Čemu nás to učí? Vidíme zde dvě zvláštnosti:

1. Samuel ze své strany viděl v Eliavovi kvality hodné kralování nad Izraelem.
2. Stvořitel mu však řekl: „Ne, nepostupuj v souladu se svým porozuměním." Protože ve vztahu ke Stvořiteli nemůže rozum přinést

žádný prospěch. Ale vyber toho, koho chce prohlásit králem Stvořitel. To se nazývá „vztahy mezi člověkem a Stvořitelem", kde není prostor pro porozumění, „neboť Moje myšlenky nejsou vašimi myšlenkami a Moje cesty nejsou vašimi cestami". Proto mu Stvořitel řekl: „Nikoliv to, co vidí člověk, vždyť člověk vidí očima, ale Stvořitel vidí to, co je v srdci."

A v souladu s tím je možné vysvětlit řečené: „Neboť člověk vidí očima" – to je dobré ve vztazích člověka k příteli. Dobré tehdy, když člověk může postupovat v souladu se svým rozumem, ve shodě s tím, co se objevuje před jeho očima. Společně s tím: „... ale Stvořitel vidí to, co je v srdci." Proto to, co se týká člověka a Stvořitele, je výše rozumu a člověk se nesmí zaměřovat na to, co vidí očima, ale výše toho.

A je třeba pochopit:
1. ve vztazích mezi člověkem a Stvořitelem má přednost jednání výše rozumu,
2. ve vztazích mezi člověkem a přítelem je lepší jednání rozumem.

Proto mu Stvořitel řekl: „Nehleď na jeho vzhled." Vždyť jednat v souladu s viděným je dobré ve vztahu k příteli, pokud je schopen vidět přednosti přítele. Ale jestliže ho chci pomazat na krále, tato činnost se vztahuje ke Mně – Já chci, aby byl králem. To se týká vztahů „mezi člověkem a Stvořitelem". A zde je právě práce výše rozumu správnou prací a člověk jejím prostřednictvím může dosáhnout záměrů ve prospěch odevzdávání; jinak spadne do svého egoismu, což je příčinou oddělení a oddálení od duchovního.

Avšak zde se ptá: co nastane poté, když se člověk rozhodne postupovat výše rozumu a nezaměřuje pozornost na otázky, které před něho klade jeho tělo v podobě námitek celého světa? Odpovídá na všechny tyto otázky a nechce hledět na nic, co je v rozporu s „rozumem a srdcem", ale rozhodl se jednat pouze „výše rozumu". A tehdy, po tomto rozhodnutí, k němu přicházejí úchvatná objasnění, se kterými je jeho tělo nuceno souhlasit. A jestliže vidí, že nyní jedná podle „rozumu", co může učinit, když začal chápat prostřednictvím objasnění, které obdržel Shora? A říká si: „Co mám dělat, když nejsem schopen pracovat výše rozumu? Vždyť nyní chápu, že to, že pracuji ve prospěch odevzdání, má být právě tak. A nemám žádné námitky k této práci pro Stvořitele, které jsem měl dříve, když jsem byl nucen pracovat výše rozumu – co mohu učinit ve svém současném stavu?"

A Ba'al HaSulam řekl, že když je člověk hoden určitého odhalení Shora, pak pociťuje, že má cenu pracovat pro Stvořitele. Ukazuje se, že předtím pracoval výše rozumu, když tělo nesouhlasilo a on musel neustále vynakládat úsilí na překonání odporu těla a potřeboval od Stvořitele, aby mu dal sílu jednat výše rozumu. Nyní již nepotřebuje pomoc Stvořitele, protože má bázi, která se může stát základním kamenem jeho budovy; již se má o co opřít.

Ve srovnání s předešlým stavem se ukazuje, že člověk působí újmu víře, jakoby říká: „Nakonec jsem se zbavil břemene víry, která byla jařmem a těžkým nákladem. Nyní je již možné se opírat o rozum, protože jsem obdržel povzbuzení Shora a tělo také souhlasí s tím, že je vhodné a účelné plnit pokyny kabaly." A tímto způsobem se působí újma víře.

A proto řekl Ba'al HaSulam: „Nyní je člověk povinen říci, že vidí nynější cestu právě jako jednání výše rozumu. Jako důkaz toho slouží, že obdržel osvícení Shora právě jako výsledek souhlasu s jednáním výše rozumu. Proto se také stal hoden toho, že ho Stvořitel k Sobě trochu přiblížil a dal mu Shora úsilí k duchovnímu."

Toto úsilí, jež obdržel Shora, mu také dává odpověď na všechny obtíže a svědčí o správnosti cesty výše rozumu. Co mám dělat, abych nadále kráčel stejnou cestou? Pouze sebrat sílu vůle a začít hledat možnosti pracovat „výše rozumu".

Ukazuje se, že celkem neuškodil víře, ve které se nacházel před osvícením Shora, jelikož ani nyní toto osvícení nepokládá za základ, na kterém postaví všechny konstrukce své práce, ale toto osvícení pokládá za kvalitní důkaz, že postupuje pravou cestou – vírou výše rozumu. A pouze díky této práci Stvořitel člověka přibližuje k Sobě a poskytuje mu prostor k přiblížení se k Němu, jelikož takové přiblížení mu nedovolí spadnout do jeho egoismu, který se nazývá „znalosti". Poněvadž Stvořitel vidí, že se snaží postupovat pouze výše rozumu.

Z řečeného vyplývá, že je, co se cesty výše rozumu týče, rozdíl, hovoří-li se o vztazích mezi člověkem a Stvořitelem, nebo mezi člověkem a jeho přítelem.

Protože umění pochopit svým rozumem pozitivní vlastnosti přítele je chvályhodné. Ale pokud člověk vidí pouze nedostatky přátel, nemá na výběr – jenom postupovat výše rozumu a říci: „Všechno, co vidím, slyším a cítím, není opravdové a není to pravda. Protože není možné, abych se zmýlil, když jsem si vybral právě tyto přátele, abych se s nimi spojil. Nemůže se stát, aby mé rozhodnutí nebylo správné, když jsem byl přesvědčen, že mě mohou duchovně obohatit, protože mají hodnoty, které já nemám. A proto, když se s nimi spojím, mohu se pozvednout na vyšší úroveň – tak mi to připadalo. Nyní vidím, že ve skutečnosti přemýšlím jinak. Ale již jsem slyšel, že Ba'al HaSulam řekl: ‚Jediné, co člověku může pomoci se vymanit ze sebelásky a být hoden lásky Stvořitele, je – láska k přátelům.'

Proto nemám na výběr: musím se s nimi spojit, nehledě na to, že vidím, že by pro mne bylo lepší se od nich vzdálit a nespojovat se s nimi. S tím nic neudělám; jsem povinen věřit, že ve skutečnosti se všichni přátelé nacházejí na vyšším stupínku než já. A já nejsem hoden vidět jejich hodnotu. A proto musím věřit výše rozumu. A kdybych to mohl vidět svým rozumem, mohl bych od nich obdržet větší prospěch. Ale, bohužel, vybírat nelze."

Ve vztazích mezi člověkem a Stvořitelem je všechno jinak. Protože prostor, kde mohu jednat vírou výše rozumu, má přednost. A proto člověk může obdržet podporu v rozumu, jen když se stane hoden malého osvícení Shora – tehdy má možnost říci: „Vidím, že má cenu být služebníkem Stvořitele, vždyť mám chuť do této práce."

Ukazuje se, že si vzal tento svůj pocit za základ, na kterém staví svoji jednotu se Stvořitelem. A nyní chápe svým rozumem, že má cenu studovat kabalu. Tudíž se všechno, z čeho vychází, opírá o tuto podmínku: když má chuť do práce, stojí za to poslouchat hlas Stvořitele. To znamená, že v opačném případě, když nemá chuť do práce, není schopen plnit pokyny Stvořitele.

Je známo, že přijetí Vyššího řízení musí nastat „celou duší a celou přirozeností", dokonce i tehdy, když mu berou „duši". Znamená to, že i když nemá žádné životní síly a nemá ani nejmenší přání, i tehdy musí pracovat pro Stvořitele a neklást mu podmínky a říkat: „Když Ty vyplníš moje přání (v tom, čeho nemám podle svého mínění dostatek, v čem cítím nedostatek); když to splníš, slibuji Ti, že budu tvým služebníkem. Pokud však nesplníš vše, co považuji za nezbytné, nemohu na sebe přijmout všechno, co jsi mi Ty přikázal prostřednictvím Mojžíše."

Člověk však na sebe musí Vyšší řízení přijmout bezpodmínečně, výše rozumu. A ještě navíc musí říci, že je nutné pracovat výše rozumu nikoliv proto, že nám Stvořitel nemůže dát rozum, ale proto, že je třeba věřit, že je to pro náš prospěch. Ukazuje se, že ve vztazích člověka se Stvořitelem je třeba se snažit být výše rozumu. A pokud člověk od Stvořitele obdrží nějaké poznání, musí sám sebe vést tak, jak je vysvětleno výše.

Michael Laitman

Principy práce ve skupině, r. 2004

Vliv okolního prostředí na člověka

Je znám zákon, jenž působí v celém světě, o neodvratitelně špatném vlivu na specialistu, jestliže ho obklopují lidé, kteří nejsou profesionálové, když se ocitne v jejich prostředí a učí se od nich.

Pokud se například obuvník vysoké kvalifikace ocitne v prostředí obuvníků-neprofesionálů, dávají mu najevo, že není závazné šít kvalitní sandály a celkově dobrou a pěknou obuv; říkají mu, že je možné pracovat s minimálním úsilím, zkrátka, jak to vyjde. Nebo když se krejčí, specialista vysoké třídy, ocitne mezi špatnými krejčími, vnucují mu, že nemá smysl vynakládat úsilí a snažit se, aby byl oděv ušitý dobře a na míru zákazníkovi. Proto si musí dát pozor, aby s nimi nevstupoval do kontaktu.

Pokud se však stavitel připojí ke krejčím, nemůže se od nich naučit ničemu špatnému, protože mezi nimi není žádné spojení. Ale když mají lidé stejnou profesi, musí se každý chránit a být v kontaktu pouze s lidmi s čistým srdcem (kteří chtějí správně využívat svoji profesi).

Člověk je vytvořen tak, že na něho má vliv prostředí, které ho obklopuje. Máme následující přání:
1. přání těla (jídlo, sex, rodina), které máme vždy; dokonce, i kdyby člověk kdesi žil sám, stejně by tato přání pociťoval;
2. přání společenská, která v nás vznikají pod vlivem okolní společnosti; jsou to přání po bohatství, slávě, moci a vědomostech. Pokud by se člověk nenacházel ve společnosti, tato přání by od ní nezískal, neexistovaly by. Ale protože se každý z nás nachází v odpovídající společnosti, ta na nás neustále působí různými vlivy.

Ba'al HaSulam v článku Svoboda vůle píše: „Pokud se nacházím ve společnosti: ve světě, v rodině, v práci, doma, v nějakém klubu – podléhám vlivu třídy, která mne obklopuje. Nemohu se od toho nijak izolovat a nemá smysl tomu oponovat."

Tehdy vyvstává otázka: v jaké společnosti má cenu se nacházet, v jaké nemá a zda může člověk v našem světě nějak kontrolovat vliv, pod kterým se ocitl?

Žiji ve světě. V tomto světě mne ovlivňuje:
1. moje rodina – to je společnost, která na nás má velmi silný vliv;
2. práce, kde člověk stráví mnoho času;
3. zájmy;

4. prostředky masové informace: rádio, televize, reklama, noviny – všechno, co má na nás vliv;
5. výchova, kterou jsme obdrželi v minulosti (třebaže v současnosti již není patrná; stejně školka, škola, fakulta – toto všechno zanechává svůj otisk).

A já jsem se ocitl uprostřed všech těchto vlivů – maličký, nešťastný, bezvýznamný člověk – a nevím, co mám dělat.

Ba'al HaSulam říká, že problém spočívá v tom, že se nemáme kam podít: Stvořitel to tak zařídil speciálně. On jakoby říká: „Uspořádal jsem ti takový svět, který tě bude ovlivňovat ze všech stran."

A tehdy se objevuje článek Rabaše, ve kterém se vysvětluje, co se všemi těmi vlivy můžeme dělat. Protože člověk, jak vyplývá z článku Svoboda vůle, může změnit pouze vliv okolní společnosti na sebe. Sám sebe změnit nemůže.

Nacházím se uprostřed všech vlivů a to jediné, co mohu udělat, je rozhodnout se: „Co na mě bude mít vliv?"

Takže existuji sám o sobě a chci sám sebe přenést z jednoho stavu do druhého – velkého. Vždy se snažím o větší stav, ale čím se chci naplnit? V čem je druhý stav větší než první?

Sám nemohu udělat nic. Mohu udělat jen jedno jediné: najít takovou okolní společnost, která by mne začala ovlivňovat a tímto způsobem mě přivedla z prvního stavu do druhého.

A co mám dělat s ostatními okolnostmi a lidmi, kteří na mě mají vliv?

Rabaš říká: „Chovej se k nim tak, jakoby se tě netýkali. Oni se nezajímají o to, čím jsi. Jsi-li krejčí, musíš se bát pouze špatného vlivu krejčích, aby tě nezkazili. Musíš se snažit být ve společnosti nejlepších krejčích – pak budeš chtít být lepší, budeš postupovat vpřed. A pokud se vedle tebe nacházejí zedníci, betonáři, fyzikové, chemici, matematici – to tě nezajímá. Jsou-li špatní, nebo dobří, ať by hovořili o čemkoliv, nemohou na tebe mít vliv. Všechny jejich zájmy, všechny profesionální problémy procházejí mimo tebe. Tvoji práci nemohou ovlivnit."

Proto, ať bychom se nacházeli v jakékoliv společnosti, pod jakýmkoliv vlivem okolí, musíme být uvnitř svého specializovaného směřování – ke Stvořiteli. A tehdy, když hovoří o chovu koní nebo o myslivosti, nebo o tom, co je třeba jíst a pít, či o politice – to všechno se mě nebude týkat, nebudu to vnímat, protože se moje myšlenky naprosto liší od jejich myšlenek. Ale pokud budu přemýšlet o tom, že moje pozvedání se ke Stvořiteli závisí na politice či na tom, co jím a piji, že závisí na tom, co dělám fyzicky, v té míře se budu nacházet pod vlivem okolní společnosti.

Takže tím nejdůležitějším, co potřebujeme pochopit, je, že náš posun ke Stvořiteli je natolik osvobozen od všech pozemských podmínek, pravidel a rozhodnutí, že pokud se člověk začlení do odpovídající skupiny, která je správně naladěná na Stvořitele, pak se může nacházet, kde chce. V žádné společnosti se neocitá na stejné vlně, na které pracuje daná společnost; vždy bude mít svoji přísně izolovanou vlnu, protože směřování ke Stvořiteli je odděleno od všeho, co existuje v našem světě, a naprosto s ničím nesouvisí.

Všechno, co nás v tomto světě obklopuje (lidé, masmédia, vzdělávací instituce), neobsahuje ani jednu činnost, myšlenku, rozhodnutí či přání, jež by směřovaly ke Stvořiteli. Proto se jich nemusíme bát; stačí se jen správně naladit.

Navíc, jak je řečeno v článku „Není nikoho jiného kromě Něho", pokud je člověk naladěn, vidí, že vše, co ho obklopuje (společnost, práce, studium, rodina), jsou jakoby překážky, které se ho snaží ovlivnit. Jsou kolem něho speciálně zformovány Stvořitelem, který stvořil náš svět takovým způsobem, aby člověka prostřednictvím všech těchto překážek v jeho okolí přinutil vytvořit větší zaměření na Sebe – na splynutí se Sebou. Tyto překážky jsou doplňující údaje, parametry, s jejichž pomocí se přesněji zaměřuje na cíl.

V souladu s tím, co bylo řečeno, před každým, o němž si myslíš, že je to pracovník Stvořitele, musíš být ostražitý: „Je jím skutečně?"

Zde se již nehovoří prostě o lidech, kteří nemají vztah ke kabale, ale o těch, kteří říkají, že jsou kabalisté. Jsou „kabalisté", kteří prodávají červené nitě, svatou vodu; jsou tací, kteří mínÍ, že když se zabývají kabalou třicet let, nacházejí se tudíž ve vyšších sférách – jsou různí. Jakým způsobem bychom se k nim měli chovat? Kontaktovat je, nebo ne, obávat se jejich vlivu, nebo ne? Existují různé knihy, mnoho různých proudů, a to nejen v kabale; možná, že vedle ní existují nejrozmanitější duchovní, mystické metodiky.

Rabaš vysvětluje: **V souladu s řečeným se musíš mít na pozoru před každým, o kom si myslíš, že je pracovník Stvořitele: „Zda jím skutečně je, tj. zda se snaží, aby byla jeho práce čistá, dokonalá, s touhou dosáhnout záměru ve prospěch Stvořitele, nebo přinejmenším ví, že dosud ještě není dobrým pracovníkem, ale** hledá způsoby, jak napravit svoji situaci a nepracuje pouze se záměrem přijímat odměnu?"

Samozřejmě je pro nás nejdůležitější se dostat do prostředí, kde každý chápe, co reprezentuje, proč se nachází v naší skupině, zda je to kvůli tomu, aby dosáhl cíle? A pokud nemá nějaké postranní úmysly, pak s námi může zůstat. A není důležité, zda je zaměřen na Stvořitele, nebo chápe, že není zaměřen, ale je pro něho určena pravda.

Dobrým pracovníkem nebo umělcem se nazývá ten, kdo nepočítá s odměnou, ale přijímá potěšení ze samotné práce. Například dobrý krejčí, jestliže ví, že ušitý oděv vyhovuje zákazníkovi, obdrží duchovní potěšení, uspokojení ze své práce větší než z finanční odměny.

Přitom nevadí, když se setkáváš s lidmi, kteří nejsou zástupci tvé profese: připusťme, že se zabýváš výstavbou a oni prací s kůží. Ale pokud se lidé zabývají kabalou a nestarají se o to, aby jejich „oděv" vyhovoval Pánu, musíš se od nich držet dál; utíkat od nich jako od ohně.

Výhradně od těch, kdož se jakoby nacházejí ve stejné „profesi" jako ty. Pokud tedy nemáš kontakty s lidmi, kteří dodržují tradici, nemusíš se před nimi mít na pozoru.

Lidí, kteří se hlásí k různým náboženským skupinám, již je nutné se vystříhat. Před Chasidy, kteří hovoří o tom, jak jim je kabala blízká, se musíš mít na pozoru ještě více. A před lidmi, kteří obklopovali Ba'ala HaSulama (čili byli blízcí jemu nebo Rabašovi, nacházeli se v jeho společnosti), musíš být ostražitý a být k nim ještě více vnímavý. Proč?

Význam řečeného můžeme pochopit z toho, že ve světě *Nekudim* v době rozbíjení *Kelim* spadl *Melech ha-Da'at*, který se nachází na úrovni *Keter* (první *Melech*, tudíž nejvyšší *Parcuf*), níže všech *Melachim*, protože každý, kdož měl velký *Ovijut*, je nejdokonalejší, má-li clonu, ale stává se nejhorší, když clona zmizí, a proto klesne níže všech.

Vysvětluje se to tím, že ti, kteří kráčí cestou Stvořitele, mají zdvojené přání přijímat, co se týče materiálního i duchovního. Proto, pokud ještě nedosáhli vstupu do Vyššího světa a byli v okolí, připusťme, Ba'ala HaSulama a v našem případě i Rabaše, měli podporu od svých Učitelů, takže byli na vysoké úrovni, měli *Ovijut* a mimo to clonu. Ale clonu měli zásluhou svých Učitelů, anulovali se, nedovolovali sami sobě projevovat svůj egoismus vůči druhým, takže nebylo jasné, nakolik sledují jiné cíle než duchovní.

Ale nyní, když zemřel Učitel a oni nemohou vytvořit clonu a zkrotit svoje přání, veškerá jejich práce spočívá v tom, aby se stali správnými, znamenitými, spravedlivými a možná velikými kabalisty, duchovním předvojem generace – a to již je odkrytí egoismu bez clony. A toto určilo vše, co se s nimi stalo. Proto je musíme pokládat za podezřelé ve všem a musíme se od nich držet daleko, jak jen je to možné.

Rabaš říká, že zde vzniká stav, kdy jsou žáci, kteří se nacházejí vedle svých Učitelů, největšími lidmi, ale když zůstanou bez Učitelů, začínají klesat a projevovat se protikladným způsobem.

Tento dopis Rabaš píše brzy po smrti svého otce o žácích, kteří byli blízko Ba'ala HaSulama, neboť chtěl varovat před nebezpečným vlivem jejich kouzla: prý, když byli blízko něho, je možné se od nich něčemu naučit.

Význam nemá to, že se žák nachází blízko velkého člověka, ale pouze to, jaký je sám o sobě – a na to je třeba pamatovat. Protože je možné, že jeho clona, veškerá jeho duchovní síla v té době existovala jenom proto, že se nacházel blízko velkého.

Hovořím krátce, protože si nepřeji, aby zaujímali místo v mých myšlenkách, poněvadž je známo pravidlo: „Člověk se nachází tam, kde jsou jeho myšlenky". A aby bylo řečené lépe pochopeno, uvedu menší příklad.

Je známo, že je mezi dvěma úrovněmi mezistupeň, který v sobě zároveň zahrnuje vlastnosti první i druhé úrovně: mezi neživou a rostlinnou jsou to korály; mezi rostlinnou a živočišnou úrovní takzvaný *Kelev Sade*; mezi živočišnou a mluvící primáti, opice. A vyvstává otázka: „Co je mezistupeň mezi pravdou a lží; tudíž jaká kategorie je složena současně z obou těchto vlastností?"

A především dodám ještě jedno pravidlo. Jak je známo, není možné spatřit mikrokosmický předmět, ale větší lze vidět snadno. Proto, když se člověk nachází v nevelké lži, není schopen spatřit pravdu, protože následuje lživou cestu, ale říká, že kráčí cestou pravdy, a není větší lež, nežli je tato. A všechno je proto, že jeho lež není dostatečně velká, aby byl vidět pravdivý stav.

Je to podobné stavu uvědomění si zla – že jsme absolutně slabí, absolutně protikladní duchovnímu – tento stav se pokládá za nejlepší, protože se z něho začínáme dostávat do správného stavu, k pravdě. Tudíž je stav uvědomění si zla, uvědomění si špatnosti, uvědomění si lži, výchozí bod zlomu, ze kterého začíná pravdivá cesta.

Když člověk nabyl mnoho lži, její velikost vzrůstá do takové míry, že si začne přát spatřit pravdu, a již tuto možnost má. A pak vidí lež i to, že postupuje cestou lži, vidí svůj skutečný stav, tudíž vidí pravdu ve své duši – vidí, jak nastoupit na správnou cestu.

Tento bod, který je bodem pravdy a ukazuje, že postupuje cestou lži, je mezičlánek mezi pravdou a lží. Mozek skrývá pravdu i lež a tento bod je konec lži a začíná z něho pravda.

A stává se zřejmé, že kvůli tomu, abych byl hoden záměru ve prospěch odevzdání, je zpočátku nutné připravit největší záměr ve svůj prospěch. Je řečeno v dopise na s. 70 v knize *Pri Chacham*: „Když se nacházíš v takové vášni a lásce čili v touze do sebe pohltit všechno duchovní, že si kromě toho nic jiného nepřeješ." To je ohromný egoismus a právě z něho dochází k přechodu přes *Machsom*.

Záměr pro sebe sama se nazývá lež a záměr pro odevzdání se nazývá pravda. Když není lež velká, to znamená, že jsou malá Přikázání i dobré skutky a ukazuje se, že člověk má malý záměr pro sebe sama, tak není schopen rozpoznat, že je pro sebe sama (poněvadž je tento záměr malý), a proto si myslí, že kráčí správnou cestou, cestou pravdy, tedy že jedná ve prospěch odevzdání.

A když se zabývá kabalou dnem i nocí kvůli tomu, aby dosáhl odevzdání, tak začíná vidět, že postupuje cestou lži, a tehdy začíná napravovat svoje skutky. Pouze v tomto bodě začíná proces, kdy ze záměru pro sebe přechází k záměru pro odevzdání. A proto, když je člověk v procesu práce lenivý, nemá možnost vidět pravdu – jakou pravdu? – nakolik uvízl ve lži. Ale prostřednictvím zvýšení úsilí ve studiu kabaly se záměrem pro Stvořitele je možné spatřit pravdu a najít v sobě bod, ze kterého začíná nová cesta.

To je úryvek z dopisu Rabaše, který napsal po smrti Ba'ala HaSulama jako varování žákům, kteří se mohli ocitnout pod vlivem těch, kteří byli v blízkosti Ba'ala HaSulama.

My to však musíme v našem životě využívat ve všech případech a dávat pozor na to, v jakém prostředí se nacházíme: v žádném případě se nestřetávat a nevstupovat do žádných polemik s jinými údajnými kabalisty. A nepřinášet tímto způsobem do skupiny „infekci" od jiných „kabalistů", jiných vlivů, názorů. Ke všem ostatním se chovat tak, jakoby s námi neměli žádný vztah, jakoby se nacházeli v jiném světě, jakoby měli úplně jinou „specializaci", která mě nezajímá. Maximální izolování se od všeho, co mě obklopuje, spočívá v tom, že neustále udržuji svůj směr ke Stvořiteli. A pak všechno, o čem se hovoří ve světě kolem mě, se prostě nenachází na vlně, na které slyším, ale na té, jež na mne nemá vliv. V míře, ve které se člověk izoluje takovým způsobem, postupuje vpřed.

Otázka: To znamená, že nás varuje před stykem s těmi, kteří jsou v našem okolí?

Nevyhýbám se tomu, abych byl spojen s druhými lidmi. Nesprávně jsi to pochopil; v žádném případě před okolím neutíkám. Dokonce se mohu dívat na televizi, vybírat si to, co konkrétně potřebuji. Mohu, je-li to třeba, poslouchat různé rozhovory na ulici. Neměly by mi překážet v mojí cestě ke Stvořiteli, pokud k Němu směřuji plně.

Hovořím doma s rodinou, se ženou, družím se se spolupracovníky, kolegy, nevyčleňuji se: „Stejně se s vámi nemám o čem bavit." Mohu se stýkat se všemi, ale moje „já" je jasně orientováno na Stvořitele. Proto mé kontakty s lidmi nepřekážejí mému duchovnímu postupu, ale naopak, prostřednictvím těchto kontaktů s ostatními nad nimi buduji a zvětšuji svůj vztah ke Stvořiteli. Takovým způsobem se pozvedávám Vzhůru.

Jsou zde dvě varianty postoje k naší existenci v tomto světě.

Mohu říci, že v tomto světě není vůbec nic, je zcela prázdný, nula. Nejsou v něm žádná potěšení, odmítám v něm vše, na vše vytvářím *Cimcum*: sám sobě nedovoluji žádné zbytečnosti, chovám se jako krajní asketa. Tehdy tento svět svedu do bodu, do nuly, a říkám: „Duchovní je to, co je nad tímto světem." Tudíž je duchovní jen trochu nad nulou.

Nebo říkám, že je tento svět plný různých potěšení, zajímavých věcí, idejí a já jsem s nimi v kontaktu, ale svůj vztah ke Stvořiteli stavím nad to. Pak mám duchovní ještě výše, než se mi jeví tento svět, takže ho tímto způsobem ještě více pozvedávám.

První cesta je cesta *Musar*, když se člověk jakoby zříká všeho, co je v tomto světě (východní techniky také patří k této cestě). Tato metoda není správná, protože člověk musí říci: „Pro mne je stvořen celý tento svět, ale já se nad ním pozvedávám. Všichni jsou stvořeni kvůli tomu, aby mi pomáhali, a já proto, abych sloužil Stvořiteli."

Metodika kabaly tudíž spočívá v tom, abychom žili uvnitř tohoto světa, pracovali, od nikoho a ničeho se neizolovali, nezacpávali si uši, nezakrývali si oči, ale současně v sobě vypracovali takovou orientaci na Stvořitele, která by nás vnitřně, duchovně oddělila a pozvedla nad tímto světem. Tehdy budeš opravdu růst z tohoto světa, ne z nějakého uměle vytvořeného vakua. To je velmi důležité.

Proto kabala člověka zavazuje k tomu, aby se oženil, pracoval, živil rodinu, úplně ve všem se účastnil společenského života, a současně s tím se zabýval odhalením Stvořitele.

Cíl vytvoření skupiny

16. 12. 2004

Člověk je původně stvořen s touhou přijímat potěšení...

Veškerá naše přirozenost je přání se těšit. Vše, o čem přemýšlíme, všechno, co chceme, jsou nejrozmanitější úrovně přítomnosti, nebo nepřítomnosti potěšení, nic více.

Dokonce i nejvíce teoretické, abstraktní pojmy v našich myšlenkách, v našich plánech, které jakoby neměly žádný vztah k našim pocitům, se stejně zakládají na pocitu „lépe – hůře". A pouze poté se naše pocity formují rozumem.

Člověk je původně stvořen s přáním přijímat potěšení, které se nazývá láska k sobě, egoismus (egoismem nazýváme touhu se těšit pro sebe sama). Z toho důvodu, pokud člověk necítí, že něco získá, není schopen ani nejmenšího pohybu.

Přičemž předem očekávané potěšení musí být větší než to, které je prožíváno v přítomném okamžiku. Pak bude rozdíl mezi potěšením v daný okamžik a potěšením v budoucnosti tou stimulující silou, která vyvolá pohyb.

Avšak bez překonání svého egoismu není možné dosáhnout splynutí se Stvořitelem (podobnosti vlastností s Ním).

Jak můžeme sami v sobě překonat egoismus? Odkud vezmeme energii? Pokud bychom během překonávání egoismu přijímali potěšení (jako nějaký masochista), pak bychom to dělali kvůli získání potěšení. Ale my potřebujeme překonat egoismus kvůli splynutí se

Stvořitelem, tj. kvůli vlastnostem odevzdání. Já však nejsem ve své přirozenosti stvořen tak, aby pro mne byly vlastnosti odevzdání odměnou.

Pokud bych si svůj budoucí stav představoval tak, že všechno odevzdávám a nepřemýšlím o sobě, nýbrž pouze o druhých, miluji všechny, a ne sebe – pokud bych si takový stav představoval jako odměnu, měl bych sílu k jeho dosažení a k odstranění svého egoismu. Ale pokud jsem stvořen pouze z egoismu, jak ho sám mohu překonávat? Sám egoismus to nepřipustí, nedovolí mi to. Kde je východisko?

Rabaš píše: „**Jelikož se překonávání našeho egoismu příčí naší přirozenosti, veškeré naší existenci, potřebujeme skupinu stejně smýšlejících, která nám poskytne velkou sílu pro překonání egoismu, jenž se nazývá zlem, neboť nám toto přání brání v možnosti dosáhnout cíle, pro který je člověk stvořen.**"

Je vytýčen přesně stanovený cíl, kterého je povinen dosáhnout každý. Ale já toho nejsem schopen, protože je v rozporu s mým egoismem. Egoismus mi k němu nedovolí udělat ani malý krůček. Jak v sobě mám najít sílu k dosažení tohoto cíle?

Proto je nutná skupina stejně smýšlejících lidí, kteří se navzájem spojují a kteří mají pouze jedno přání: dosáhnout tohoto cíle. V důsledku tohoto spojení se objevuje ohromná síla, která každému pomůže bojovat se sebou samým, protože se jeho malička individuální síla spojí se silami všech ostatních, čímž zásluhou ostatních dojde ke zvýšení osobní síly každého.

A každý získá takovou sílu odporu ke svému egoismu, která mu umožní egoismus překonat a duchovně se pozvednout.

Člověk by se neměl pokoušet hledat sílu k duchovní změně, duchovnímu vzestupu v sobě samém – to je absolutně nemožné. Právě náš egoismus, naše „zlo", naše *Klipa* nás nutí, abychom hledali zdroj těchto sil v sobě samém.

Ve skutečnosti však člověk až po mnohých hledáních, která mohou trvat dokonce mnoho let, dospěje do stavu, kdy nakonec pochopí, že on sám nemá nic, co by mu pomohlo se duchovně pozvednout.

A jedině od lidí v okolí může brát energii k působení proti egoismu, proti své přirozenosti, aby se nad ní pozvedl do duchovního světa. Tudíž by se vůbec neměl obracet na sebe samého, ale výlučně na své okolí.

Ukazuje se, že ve výsledku každý získá ohromnou touhu dosáhnout cíle. Ale aby k tomu došlo, je nutné, aby se každý člen anuloval, snížil svoje „já" vzhledem k ostatním.

Díky nim může svoji představu o velikosti cíle posílit natolik, že bude připraven se zříci egoismu, protože si uvědomí, že egoismus je v rozporu s cílem.

Učinit to může tehdy, když si nevšímá nedostatků přítele, ale naopak, obrací své vnímání pouze na jeho dobré kvality. Pokud se jeden člen skupiny považuje za jen trochu lepšího než ostatní, pak se s nimi nemůže opravdu spojit.

Nemůže jim předat svou představu o velikosti cíle ani o tom, že je možné se zříci egoismu ve jménu jeho dosažení. A nemůže od nich získat jejich připravenost k rozchodu s egoismem pro dosažení cíle.

V době setkání skupiny je nutné být seriózní a neodklánět se od cíle, kvůli kterému se skupina shromáždila. A cílem je (a musí tomu tak být vždy) dosažení splynutí se Stvořitelem.

Ostatní lidé (cizí), kteří nejsou členy skupiny, by tento cíl neměli znát. A proto by se člověk neměl odlišovat a hovořit o něm ve styku s cizími lidmi, kteří k tomuto cíli nemají vztah, vztah k tomu, čím se zabývá ve své skupině.

Mezi členy skupiny, kteří se vzájemně spojují, musí panovat úplná shoda přání a cíle. Musí si neustále vyjasňovat, že jsou všichni jako jeden člověk s jednou hlavou a s jedním srdcem. A každý musí druhého chápat tak, aby pro něho bylo snadné se vzhledem k druhým anulovat a získat od nich dojem velikosti cíle, tj. velikosti Stvořitele, velikosti splynutí se Stvořitelem. Tento dojem musí být tak velký, aby se ani největší egoismus nemohl stát překážkou, ale aby ho člověk kvůli splynutí se Stvořitelem s radostí zašlápl.

Členové skupiny by se neměli dopouštět lehkomyslnosti ve svém srdci, jelikož lehkomyslnost ničí vše.

Největší chybu, největší škodu, kterou člověk může vnést do skupiny, je vnést do ní lehkomyslnost, tj. pohrdavý, lehkovážný, povrchní postoj k cíli. Když se řekne nějaká anekdota nebo veselá příhoda, aby se přátelům pozvedla nálada, neznamená to lehkomyslnost. Za lehkomyslnost se dokonce nepovažuje ani to, když se zmíní něco, co se děje ve světě. Lehkomyslností se míní lehkovážná mysl o Cíli stvoření, když si začínám představovat, že Cíl stvoření není tak důležitý, jak je zapotřebí, když ho začnu přehlížet. Takový postoj ničí vše.

Avšak pokud se na setkání skupiny náhodou ocitne někdo cizí, nelze ukazovat odlišnost skupiny od druhých.

Skupina je povinna přestat být seriózní. Musí hned začít rozmlouvat na úrovni tohoto nezvaného hosta, tj. v žádném případě před ním neodhalovat svoje cíle, svoje chápání velikosti cíle, protože on tuto velikost cíle nepociťuje, takže do ní vnese lehkomyslnost, zaujatost, pohrdání a předá to všem ostatním.

Musíme se obávat přítomnosti cizích lidí ve skupině. Cizincem mohu být ve skupině i já, i když se zabývám studiem a nacházím se ve skupině už dávno, pokud je můj dnešní postoj ke skupině a ke shromáždění ekvivalentní cizinci, tj. moje dnešní myšlenky jsou přezíravé.

Proto si každý z nás musí nejprve uvědomit, že sám postupovat k cíli nemůže, protože posun k cíli může nastat pouze překonáním egoismu, odražením se od něho vzhůru. Proto, aby se bylo možné pozvednout nad egoismus, je zapotřebí si představit, že se nad ním nachází něco přitažlivějšího, než je sám egoismus.

Člověk to zpočátku nemůže učinit, protože ho egoismus přitahuje více než všechno ostatní. Znamená to, že potřebuji větší sílu přitahování k cíli a ke Stvořiteli, než je síla přitahování k egoismu, abych pocítil, nakolik jsou protikladné. A když si to uvědomím, musím se obrátit na skupinu, aby mi pomohla získat sílu k odpoutání se od egoismu a přiblížení se ke Stvořiteli.

Pokud se ke skupině chovám tak, abych tuto sílu obdržel, znamená to, že cítím, že mi skupina může něco dát, tj. je vyšší než já, lepší než já, dokonalejší než já. Tehdy se před skupinou anuluji: musím je v porovnání se sebou považovat za větší, více napravené a dobré. Musím se na ně obrátit, začít je milovat, protože od milovaných přijímáme potěšení a přejeme si s nimi být navzájem blízcí. A pak mohu od celé skupiny vnímat pocit důležitosti cíle. Mohu se pozvednout nad svým egoismem, odevzdat svůj pocit velikosti cíle zpět skupině a pozvednout se blíže ke Stvořiteli.

A tato neustálá, každodenní práce se sebou samým s pomocí skupiny přivádí člověka k tomu, že získává sílu, aby se pozvedával stále výš a výše, stále víc a více se odrážel od egoismu a stoupal vzhůru. Člověk může stoupat po stupních duchovního žebříku pouze v míře, ve které přijímá sílu od skupiny.

A poté, co člověk přejde *Machsom*, už nebude potřebovat skupinu? Postup s pomocí skupiny nekončí v našem světě v době přípravy, tj. v dvojnásobném a jednoduchém skrytí: když přejde přes *Machsom*, bude skupinu i Učitele potřebovat ještě více. Poté člověk začíná splývat s ostatními dušemi již i v činech, přijímá za své jejich strádání a tehdy v jejich *Kelim* pocítí Stvořitele, splyne se Stvořitelem a dosáhne všeobecné lásky.

Otázka: *V článku se hovoří, že proto, abychom obdrželi dodatečné přání, je třeba ospravedlňovat přítele. Jak ho mohu ospravedlnit, když vidím, že přítel během lekce spí, pak někam vyjde, sní housku a zase na dvacet minut přijde na lekci. Je mi takový stav ukazován speciálně proto, abych ho musel ospravedlnit?*

Pokud vidím, že je přítel v poklesu, ve špatném stavu, musím ho ospravedlnit. Musím si říci: „Pokud bych sám byl v takovém poklesu, také bych takto jednal – dělal bych jen toto minimum. Moje poklesy jsou sice stále menší, ale stejně se také stává, že jednám takto." Takže ho musím ospravedlňovat po celou dobu, kdy ho považuji za svého přítele.

Pokud všichni dospějeme k závěru, že již není naším přítelem, pak musíme jednat jinak: tj. rozhodnout se, že již není naším přítelem, oddělit se od něho a vykázat ho za hranice naší společnosti. Ale pokud je ještě mezi námi a já ho pokládám za přítele, jsem povinen se před ním anulovat, hledat pro něho nejrozmanitější ospravedlnění a sebe samého všemi způsoby přesvědčovat k tomu, abych ho omluvil a postavil nad sebe.

Ale když objektivně vidím, že jeho chování absolutně neodpovídá ústavě, tj. tomu, co každý musí dávat skupině, pak poté, co se poradím se skupinou, musím společně s ní učinit rozhodnutí, co s tímto přítelem uděláme. Ale do té doby, než se rozhodneme, se k němu musím chovat jako ke všem ostatním: anulovat se a pokoušet se od něho obdržet pozvednutí důležitosti cíle, nehledě na to, jak se chová.

Připusťme, že od tohoto přítele nemohu získat pozvednutí důležitosti cíle, protože ho nyní negeneruje, nevydává tuto energii. Ale mohu ve vztahu k němu získat možnost se před ním anulovat, což je také jedna ze dvou složek k postupu vpřed.

Není pro mne velký problém se anulovat před tím, kdo je výše, kdo se nachází v probuzení, stále se učí a účastní se veškeré práce. Objektivně vidím, že to tak je. Ale o toho, kdo ve skutečnosti poklesl, nejsem schopen se zajímat a nejsem ve stavu všem ukazovat, jak velký je pro něho cíl. A pokud jsem ho přesto schopen ospravedlnit, tehdy se skutečně anuluji.

Práce nad anulováním probíhá právě ohledně přátel, kteří se nacházejí ve stavu poklesu. A práce nad pozvednutím cíle – to je hledání toho, kdo se nachází v takovém stavu, že může říci něco, co vzbudí nadšení, může být správným příkladem nebo nějakým způsobem vyjádří svůj záměr. Nebo prostě vidím, jak přátelé stále pracují a všeho se účastní, a já jsem prodchnut jejich důležitostí.

V příteli vidím dva stavy. Tyto dva stavy, které vidím, jsou mi poskytovány speciálně tak, abych mohl kritizovat jeho stavy vzestupu i jeho stavy poklesu. Mohu vše zkritizovat, nebo naopak ten nebo druhý stav pochválit, přítele v těchto stavech milovat a vyzískat z obou těchto stavů.

Otázka: Proč se pohrdání a posměch nezvaného hosta vstřebává snadněji a jednodušeji než důležitost cíle od přítele?

Všechno, co je prospěšné pro egoismus, se přijímá automaticky, nemusíme na to vynakládat žádná úsilí. Pokud někdo na ulici něco řekne proti Cíli stvoření, okamžitě propadnu vlivu jeho egoismu, a proto s ním ve svém nitru souhlasím. Když se nacházím mimo skupinu, mohu se jakožto členovi skupiny vysmívat dokonce sám sobě, natolik mohu být pod vlivem cizích lidí. Neboť na to, co je prospěšné pro egoismus, není třeba vynakládat žádná úsilí.

Z toho vyplývá: pokud se nenacházím ve skupině, musím být navenek absolutně stejný jako všichni ostatní a úplně se před nimi skrýt. V žádném případě není třeba nic vyjadřovat ani na nic odpovídat, když se mne ptají. Také nehovořím o tom, co se děje v mojí rodině – to je moje soukromá věc, vás to nemusí zajímat, to je moje duše. Víc nemohu říci. Mohu vám ukázat svoji kravatu, ale srdce ne. A to je zhruba všechno v prostém slova smyslu: „To není vaše věc, je to moje soukromí".

Otázka: Jak spojit to, že ve všem musím hledat jedinou řídící sílu a ospravedlňovat a povyšovat přítele?

Moje hledání Stvořitele se realizuje v mém egoistickém přání, které musí být napraveno. A v napraveném egoistickém přání, které již nebude egoistické, ale s altruistickým záměrem, bude pocítěn Stvořitel, protože samo toto přání získá Jeho formu.

Jestliže z toho vycházím, musím pracovat ve dvou směrech: svůj egoismus, tj. egoistické přání se záměrem pro sebe sama snižovat a záměr k odevzdání pozvedat. Zde pramení naše dva absolutně protikladné postoje ke skupině a k sobě, dva druhy práce – snížení jednoho a pozvednutí druhého. Protože pracujeme uvnitř jednoho a téhož přání se těšit, pouze se dvěma protikladnými záměry: pro sebe, nebo pro odevzdání, pro Stvořitele.

Otázka: *Musím sám sebe vždy anulovat?*

Ne, vždy ne. Anulovat se musím tehdy, když se tím zabývám vědomě. A druhá část práce spočívá v tom, že se neanuluji, ale povyšuji druhé, snažím se k nim přilnout a přitom nevycházím ze svého pocitu anulování, nýbrž z pociťování blízkosti k nim.

Tímto způsobem probíhá naše předběžná práce, ačkoli ještě není přípravná a neuskutečňuje se v *Sfirot*, je jim však podobná: snižuji *Malchut* a přibližuji k sobě, přimykám se ke *Keteru*. A tyto dva moje pohyby, které zatím jeden s druhým nejsou spojeny, se spolu spojí následně při přijímání ve prospěch odevzdávání,[9] když budou záměry i přání pracovat společně, vcelku. Ale dokud to nenastane, snižuji svoje přání a záměry pro Stvořitele kultivuji, pěstuji.

Otázka*: Jaké je kritérium chování skupiny ve vztahu k cizím lidem?*

Za naši skupinu považujeme ty, kdož jsou s námi přítomni na lekcích a na našich společných shromážděních přátel, tj. ty skupiny, které v době lekcí vidím před sebou na obrazovkách: New York, Moskva, Kirovohrad, Oděsa, Toronto, Vídeň, San Francisko, Petrohrad. Všechny je řadím do naší skupiny.

Vidím je všechny před sebou a vysílám prakticky současně ke všem: vidím, jak lidé sedí, píší, reagují na moje slova atd. Všechny je považuji za naši skupinu. Každý z nás musí vykonávat takovou práci, pokud jde o celou světovou skupinu.

Je samozřejmé, že je práce v každé vnitřní skupině mezi přáteli, kteří se nacházejí před tebou, více zjevná. Ale v principu je třeba si představovat, že to je určitá společnost lidí v různých zemích, v různých bodech světa, kteří mají jeden cíl a kteří přijímají stejnou metodiku a realizují ji.

Jiná situace nastává, když se setkáváme mezi sebou, obvykle v sobotu. Ale v zásadě není závazné, aby tento kontakt probíhal ve stejné době. Protože pro snížení egoismu vzhledem ke skupině a pro zvýšení velikosti cíle člověk není povinen být ve skupině – to je práce,

---

[9] *Lekabel al Menat Lehašpi'a* – לקבל ע"מ להשפיע, dosl. přijímat kvůli odevzdávání.

kterou člověk vykonává ve svém nitru. Přitom se může nacházet na jakémkoliv místě mimo skupinu. Občas, tu a tam sleduje své přátele, získává od nich dojmy a to je dostatečné. Všechno ostatní probíhá v jeho nitru.

Otázka: Pokud budu následovat přítele, který je ve špatném stavu, tak se propadnu jako on nebo ještě více?

Kdy něco takového může nastat? Když začnu přijímat jeho myšlenky, jestliže na mne svým propadem začne působit.

A pokud se k němu spustím, do jeho pádu, avšak přijímám jeho formu pouze zevně, abych mu pomohl, a sám uvnitř zůstávám ve svém dobrém stavu, pak ho naopak mohu vytáhnout nahoru.

Kromě toho, pokud svého přítele vidím v propadu, nesmím během období pádu vniknout do jeho myšlenek. Musím se naopak zpevnit v tom stavu, ve kterém se nacházím výše než on, pouze přitom musím sám sebe hodnotit jako ještě více slabého, chápat, že se to stává i mně. A on vůbec není horší a slabší než já. A naopak to, co se s ním nyní děje, je jen další nahromadění a projev toho egoismu, který dříve neměl. Nyní v něm narůstá, takže se člověk nachází v propadu. Znamená to, že mu Shora přidávají egoismus, protože je v jeho silách ho napravit.

Přítel nemůže být v takovém stavu, který bych nebyl s to ospravedlnit. Nemůže – protože moje *Kli* není vůbec lepší.

A pokud přítele soudím z duchovní výšky, z výšky odevzdání, pak mohu vždy sebe postavit níže, než je on, protože mi moje duchovní výška pomůže sestoupit a pochopit, že jsem níže. Není v tom žádný problém, prostě začínáte přemýšlet, jak to učinit.

V těchto dvaceti článcích, jež Rabaš napsal pro nové žáky, které jsem k němu přivedl v roce 1984 – 1985, jsou popsány všechny vnitřní etapy práce člověka ve skupině.

Otázka: Jak vysvětlit, že někteří přátelé během let vždy poskytují nadšení, a druhých je vždy jakoby potřeba se stranit?

Před těmi, kteří předávají nadšení, není potřeba se osobně anulovat. Stejně vidíš, že pracují, neustále jsou v činnosti. A kdo ví, jaký mají motiv?

Je možné, že je jejich motivace absolutně egoistická. Chce se dobře uvést před ostatními, potřebuje, aby všichni pocítili, nakolik je pro skupinu nenahraditelný, nakolik je moudrý, schopný atd. Stejně jako se snaží v jakémkoliv kolektivu dostat dopředu každý člověk, musí však proto tvrdě pracovat – konec konců, nic není zadarmo. Aby tě kolektiv přijal a ocenil, je zapotřebí vynaložit značné úsilí. Je možné, že pracuje právě pro toto, a nikoliv pro Stvořitele. Nebo naopak, když se člověk nachází v propadu, jak jsme již o tom hovořili. V podstatě můžeš cokoli omluvit, nebo to škrtnout, zrušit.

Co je pro nás lehčí, přirozenější, a co obtížnější? Samozřejmě, když se člověk nachází v takových navenek aktivních, vzrušených stavech, je pro nás lehčí ho ocenit jako někoho, kdož činí něco dobrého, potřebného, užitečného.

Ale druhý se možná není schopen pohnout z místa, protože má ohromný egoismus a přirozenou lenost, je trochu hloupý, nechápe rychle učivo, nemůže se aktivně zapojit do studijního procesu atd. Nehodnotíme ho ve výsledku podle toho, co je mu dáno přírodou? Ale on za to nenese vinu.

Neumíme člověka správně ocenit; nevidíme jeho úsilí. Ale na druhé straně to nemůže sloužit jako ospravedlnění pro každého lenocha, který prostě nevynakládá úsilí. Za lenocha se nepovažuje ten, kdo pomalu pracuje, málo chápe v důsledku svých přirozených vlastností. Za lenocha se považuje ten, kdo nevynakládá potřebné množství úsilí vzhledem ke svým možnostem. Jak to však můžeme definovat? To je ovšem problém.

V duchovním není násilí. Člověk se na to zaměřuje a začíná to od sebe vědomě vyžadovat pouze v míře nezbytnosti a při chápání všeho, co se vztahuje k Vyššímu, k nápravě, k duchovnímu, ke Stvořiteli. Žádný nátlak z vnějšku nepomůže.

Pouze když jste společné přijali rozhodnutí, že člověk demonstrativně jedná proti skupině, v tom případě byste ho měli vykázat za hranice skupiny: pokud jste mu to ukazovali, říkali a upozorňovali ho na to, ale on nezměnil svoje chování. Tehdy nezbývá žádné jiné řešení.

A je to možné učinit, aniž bys ho několikrát upozorňoval. Pokud vidíš, že si člověk nebere za své to, že je třeba se změnit, znamená to, že ještě nedorostl, nedozrál. Nech ho, ať nás nekazí a dozraje ve vnější skupině.

Není třeba se bát snížit počet lidí, ponechat některým možnost přirozeného rozvoje.

Cíl skupiny

19. 12. 2004

V těchto článcích je vysvětleno, jak vytvořit skupinu, což je nutné pro všechny, jež chtějí kráčet cestou Ba'ala HaSulama. Tato cesta je určena pro ty, kteří se chtějí pozvednout na úroveň „člověk" a nesetrvávat na „živočišné" úrovni.

Čím se liší úroveň „člověk" od „živočišné" úrovně? K „živočišné" úrovni patří ti, kteří náleží k přirozenosti našeho světa. Proto je řečeno: všichni jsou podobni zvířatům[10] mimo těch, kteří kromě vlastností *Malchut* Shora přijímají vlastnosti *Biny*, zásluhou čehož se pozvedávají z živočišné úrovně na úroveň „člověk". Vlastnosti *Biny* v našem nitru poskytnou stvoření, *Malchut*, připodobnění se Stvořiteli. *Adam* – člověk ze slova *Dome* – podoben (Stvořiteli).

Cesta, která umožňuje se pozvednout ze živočišné úrovně (z úrovně pouze jedné přirozenosti – přijímat) na úroveň druhé přirozenosti – odevzdávat, tj. na úroveň podobnosti ke Stvořiteli – tato cesta může být zrealizována pomocí metodiky kabaly.

Aby bylo pochopitelné, co je úroveň „člověk", uvedeme výrok mudrců (*Talmud*, traktát *Brachot*) k úryvku z *Kohelet*: Na závěr všeho slyš jedno ponaučení: „Boj se Stvořitele a dodržuj Přikázání Jeho, protože v tom je celý člověk".

Toto je napsáno v knize *Kohelet* (Kazatel). Poté, co se ve všem zdánlivě zklamal: v sobě, ve Stvořiteli atd., autor dochází k závěru, že vše směřuje pouze k jednomu: „Boj se Stvořitele a Přikázání Jeho dodržuj". V důsledku toho také člověk roste.

A tehdy se *Talmud* ptá: „Co znamená ‚v tom tkví celý člověk'?" Rabi Ele'azar vysvětluje: „Řekl Stvořitel: ‚Celý svět je stvořen pouze kvůli tomu,' tj. proto, aby se jeho původní živočišné následně stalo člověkem. A stane se člověkem pomocí vlastnosti, která se nazývá ‚strach', ‚bázeň'."

---

[10] *Kulam ke-Behemot Nidmu* – כולם כבהמות נדמו, dosl. všichni jsou stvořeni jako zvířata.

Co je to strach v duchovním? Proč je právě on příčinou stvoření světa? Proč je to síla, pomocí které se stvoření pohybuje vpřed k podobnosti se Stvořitelem?

Z vyjádření mudrců je známo, že příčina stvoření světa spočívá v přání Stvořitele těšit svá stvoření, poskytnout jim možnost, aby se cítila šťastná. A zde, podle slov stejných kabalistů, kteří toto vše odhalili, vyplývá, že se člověk rodí a postupuje vpřed na základě strachu.

Jak spojit pochopení a pocit tísně s pociťováním štěstí, potěšení, dokonalosti, kterých člověk musí dosáhnout? Jak se mohou v člověku smíchat tyto dvě protikladné kategorie pocitů?

V knize *Matan Tora* (Darování Tóry) Ba'ala HaSulama je řečeno: „Příčina, kvůli které stvoření nepřijímají veškeré blaho, které pro ně Stvořitel připravil, spočívá v odlišnosti jejich vlastností od vlastnosti Stvořitele." Stvořitel – dávající blaženost a stvoření – přijímající. A existuje zákon, v souladu s nímž v sobě větve (následky) nesou základní rysy kořenů, ze kterých pocházejí. Jelikož je naším kořenem Stvořitel a On nemá přání přijímat, člověk, který je přinucen přijímat, prožívá pocit studu.

Proto, aby byl tento pocit studu napraven, je stvořen celý svět.

Celý systém, ve kterém se nacházíme, nás musí dovést k podobnosti se Stvořitelem. Vše bylo ve výsledku stvořeno proto, aby nás na jedné straně naplnil, a na druhé – abychom při tomto naplnění nepociťovali stud. Potřebujeme pochopit systém, který Stvořitel stvořil pro člověka – to, proč stvořil systém právě takový. Na druhé straně hovoříme o člověku, o tom, jak tento systém vnímá a pozvedává se ke Stvořiteli.

Pocit studu je speciálně stvořen Stvořitelem, aby si člověk uvědomil rozdíl mezi „živočišným" stavem a stavem „člověk", rozdíl mezi přijímáním a odevzdáváním, vlastností stvoření a vlastností Stvořitele. Rozdíl mezi těmito vlastnostmi se v člověku projevuje pocitem, který nazýváme stud.

A kdy zde dochází k tísni? Před čím a proč jsme rozechvělí, čeho se máme bát?

Proto, aby byl napraven pocit studu, je stvořen svět. Slovo *Olam* (עולם, svět) pochází ze slova *Ne'elam* (נעלם, skrytý), to znamená, že v našem světě, v našem současném stavu, je před námi skryto to, co pro nás Stvořitel připravil. Proč skryto? Proto, aby člověk pocítil tíseň, rozechvění před Stvořitelem.

Jaká je souvislost mezi skrytím Stvořitele a bázní, rozechvěním před Ním?

Člověk se musí bát používat svá egoistická přání, musí se bát být egoistou. To znamená, že se člověk musí střežit, aby nepřijímal potěšení, pokud jej chce získat pro sebe sama. Musí mít sílu k překonání své vášně. Je zavázán dosáhnout stavu, kdy nepřijímá potěšení ve svůj prospěch, ale poskytuje potěšení Stvořiteli. Tím se člověk stává podobným Stvořiteli a odstraňuje pocit studu.

Bát se Stvořitele – znamená bát se přijímat potěšení ve svůj prospěch, protože přijímání pro sebe sama člověka od Stvořitele vzdaluje. Proto v okamžiku, když člověk plní jakékoliv Přikázání Stvořitele (Přikázáním se nazývá správné využívání původního egoistického přání), by měl brát zřetel na to, že ho Přikázání dovede k tomu, že se v něm objeví čisté myšlenky, takže si bude přát odevzdávat Stvořiteli, a tímtéž splní Jeho přikázání.

Jakým způsobem je možné dospět k podobnosti vlastností ve svých činech?

V *Talmudu*, v traktátu *Makot* (dosl. rány, tresty), s. 27, je řečeno: „Rabi Chananja ben Akašja řekl: ,Chtěl Stvořitel očistit Izrael (tj. očistit od egoizmu ty, kdož po Něm touží), proto jim dal Tóru a Přikázání' (jako nástroj k očištění od egoismu)."

Shromáždili jsme se zde, abychom vytvořili skupinu, ve které se každý z nás bude snažit poskytnout radost Stvořiteli. Ale pro dosažení tohoto jsme zpočátku zavázáni se naučit poskytovat potěšení člověku, odevzdávat člověku – tudíž se musíme naučit milovat bližního. Dospět ke splnění tohoto Přikázání lásky k bližnímu je možné pouze cestou překonání svého egoismu. A to je možné pouze díky strachu; když člověk chápe, že pokud tohoto stavu nedosáhne, zůstane „živočichem" a bude úplně odříznut od Stvořitele.

To znamená, že na jedné straně je nutné se ve vztahu k ostatním členům skupiny anulovat, ale na druhé straně se člověk nesmí ponižovat, ale naopak pozvedávat, být hrdý na to, že mu Stvořitel dal možnost vstoupit do takové skupiny, ve které mají všichni její členové jeden cíl – dosáhnout toho, aby je naplnil Stvořitel.

Pociťování Stvořitele stvořením se nazývá odhalení *Šchiny* (*Šchina* ze slova *Šochen*, vcházející, naplňující).

Ačkoli jsme ještě tohoto cíle nedosáhli, máme přání to učinit v současném okamžiku a již toto jedno přání je velmi důležité, protože nehledě na to, že se nacházíme na začátku cesty, očekáváme, že k tomuto vysokému cíli dospějeme.

Stvořitel nám dal přání a také nám dal podmínky pro jeho naplnění – možnost vytvořit skupinu. Poskytl nám veškeré možnosti, abychom pochopili, v čem spočívá naše cesta. Všechno ostatní závisí na tom, jakým způsobem můžeme tuto cestu zrealizovat.

Článek byl napsán Rabašem v roce 1984. Bylo to v době, kdy se od něho začala učit skupina nových lidí a já jsem ho poprosil, aby něco napsal pro každodenní skupinová setkání. A Rabaš začal psát. Poprosil jsem ho, protože jinak by nebylo možné studovat: neměli jsme žádné materiály, nevěděli jsme, o čem hovořit, co dělat během celého setkání. A záviselo na tom opravdu mnohé. Bylo důležité, abychom jen prostě netrávili příjemný čas a nehovořili o tom, o čem jsme hovořili již dříve. Bylo třeba, aby se každé takové setkání lišilo něčím zvláštním a mohlo poskytnout nějaký výsledek. Proto jsem ho poprosil a Rabaš začal psát.

Je patrné, že jsou tyto články velmi náročné. Jedna věta je odpojena od druhé, není v nich možno cítit vnitřní souvislost, není pociťováno jasnější odhalení, ale vždyť je to napsáno výlučně pro začátečníky.

Jak píše Ba'al HaSulam, problém tkví v čase. Tehdy byli žáci na takové úrovni, že prostě nebylo možné vyjádřit více. Proto jsou samy články napsány tak náročným stylem. Ale bezpochyby je v článcích vše.

Otázka: *Pokud Bchina Dalet provádí První zkrácení (Cimcum Alef) a následující skutky v důsledku studu, proč je zapotřebí bázeň?*

Egoistická touha po potěšení nevznikla ihned. Nejprve Stvořitel stvořil pouze touhu se těšit. Nazývá se materiál stvoření a je přítomna v nulové, první, druhé, třetí a čtvrté úrovni *Ovijutu* a také se nachází v neživé, rostlinné a živočišné přírodě.

Proto se v našem světě i ve Vyšších světech nachází veškerá neživá, rostlinná a živočišná příroda pod vládou Světla, Stvořitele. Není v ní možné pocítit *Bchinu Dalet* (čtvrté stádium egoismu), v níž se odhaluje pocítění Pána, Dávajícího, a přirozeně také není možné pocítit stud, tj. odlišnost od Dávajícího, pocit strachu zůstat jako dříve – strachu před tím, že se nestanu podobným Stvořiteli.

Všechny tyto pocity, které se nazývají lidské, se odhalují ve čtvrté, nejhrubší egoistické úrovni. A proto se nemusí napravit žádné jiné stvoření kromě člověka. Ve všech ostatních stvořeních egoismus jako zlo nehodnotíme. Také v člověku na nulové, první, druhé a třetí úrovni (neživé, rostlinné a živočišné) nehodnotíme egoismus jako něco špatného. Není špatný, není nějaký – je to prostě materiál.

Pouze na čtvrté egoistické úrovni vzniká otázka, co se v ní pociťuje. Je pociťována odlišnost od Stvořitele. Jak se to projevuje? Jak nazýváme tyto pocity odlišnosti od Stvořitele?

Pokud vzhledem k sobě pociťujeme Stvořitele jako Dávajícího a sebe jako přijímajícího, mohou nastat dva pocity.

Já jsem přijímající, takže pociťuji, že se od Něho odlišuji, jsem odlišný od Jeho vlastností Dávajícího, tudíž ve mně vzniká stud. Stud je následek pocitu mojí odlišnosti od Stvořitele, který vzniká ve čtvrtém stádiu.

Také může vzniknout touha po potěšení, která je protikladná studu, snaha si podmanit Stvořitele, tj. *Klipot* – nečistá přání. Ta mají také vztah ke čtvrtému stádiu rozvoje touhy – využívání pocitu Stvořitele ve prospěch potěšení sebe samého.

Oba pocity existují ve čtvrtém stádiu v napraveném, neutrálním a nenapraveném stavu (vzhledem ke Stvořiteli). Pokud hovoříme o pociťování Stvořitele, znamená to, že již hovoříme o člověku. Zlý, špatný, hříšník, spravedlivý – není důležité jaký, avšak tato vyjasnění vznikají, když člověk pociťuje Stvořitele. Od tohoto okamžiku a nadále již hovoříme pouze o člověku.

Na světě je k dnešnímu dni sedm miliard lidí a mezi nimi jsou tací, kteří pociťují bod v srdci, touhu právě po Stvořiteli, dychtění, které se v nich skutečně projevilo jako to nejdůležitější. Tito lidé se nacházejí na čtvrtém stádiu egoistického rozvoje, a ačkoliv ještě nemají napravená přání, již pociťují touhu po Stvořiteli. Takoví lidé se nazývají „lidmi" a všichni ostatní se ještě nacházejí na živočišné úrovni. Proto je možné často zaslechnout, jak ostatní lidi nazýváme živočichy. Ale máme na mysli pouze gradaci úrovní přání: neživou, rostlinnou, živočišnou a lidskou. Není to nadávka nebo opovržení, ale prostě označení toho egoistického přání, které jim v daném okamžiku náleží a působí v nich.

Jakmile se v člověku objeví vztah ke Stvořiteli, touha po Něm, ihned vyvstává otázka: co s touto touhou dělat, jak ji realizovat? Člověk nemůže postupovat přirozenou cestou (bez znalosti metodiky realizace této touhy), jelikož přirozená cesta je cesta egoismu. A realizace touhy po Stvořiteli je bod *Biny*, část Stvořitele Shora, začátek altruistického přání, které nelze realizovat egoisticky. Ale zpočátku v nás jsou pouze egoistické myšlenky, touhy, zkušenosti, přirozenost, a proto nevíme, jak bychom měli s probouzejícím se altruistickým přáním zacházet. V našem nitru nemůže být předem připraveno vůbec nic.

Co tedy máme dělat? Odpověď na otázku se nachází v knihách kabalistů, kteří o tom napsali a poskytli nám rady. V tom spočívá jejich úloha a jejich závazek: poskytli nám metodiku rozvoje touhy ke Stvořiteli, rozvoje bodu *Biny*.

Když bod *Biny* začne pracovat společně s bodem *Malchut*, s naší přirozeností, pak nastává posouzení takových stavů člověka, jako je strach. Ba'al HaSulam píše o tom, jaké druhy strachu existují: strach o sebe, strach o příbuzné, strach o to, aby unikl trestu na tomto světě, strach nedostat odměnu nebo naopak strach být potrestán na onom světě (v pekle nebo v ráji) atd. Všechny tyto strachy se nazývají živočišné strachy a jsou přítomny v člověku, který se nachází na živočišné úrovni. Člověk ještě přemýšlí o sobě, stará se o svoji kůži, proto se tyto strachy, které jsou zaměřeny na sebe sama, nazývají „živočišnými strachy".

Následující druh strachů jsou strachy, které jsou orientovány na Stvořitele: když se člověk začíná bát a je mu úzko, že nemůže dosáhnout odevzdání Stvořiteli. Tento strach se již nazývá lidským strachem, strachem úrovně „člověk", protože se člověkem nazývá ten, kdo touží být podobný Stvořiteli.[11] Strach, rozechvění tohoto posledního, čtvrtého druhu, je produktivní. Když ho člověk správně používá, oddělí rozechvění od všech ostatních druhů strachu a začne jednat.

„Dokážu dosáhnout odevzdání Stvořiteli?" – tento strach také určitým způsobem graduje. Dospět k odevzdání Stvořiteli – kvůli čemu,

---

[11] *Adam Dome le-Bore* – אדם דומה לבורא, dosl. člověk je podobný Stvořiteli. *Bore* (בורא) – Stvořitel, *Dome* (דומה) – podoben; z tohoto slova se tvoří *Adam* (אדם) – člověk.

jak, proč? Je tisíc řešení. Je 125 stupňů vzestupu v pociťování strachu a rozechvění předtím, než člověk dosáhne absolutní lásky, kdy na základě tohoto strachu neboli rozechvění vzniká pocit nekonečného odevzdání, když tento strach zůstane uvnitř (vše zůstává, nic nemizí) a stává se podkladem, základem, na kterém stojí všechno ostatní.

Strach, o kterém hovoří Rabaš, je to nejdůležitější, co můžeme získat. Ve stavu, ve kterém se nacházíme, naše „živočišné" nemůže hnát vpřed nic jiného jenom strach. Je to nejsilnější motivace. *Stimul* řecky je ostrá tyč, kterou bodají zvíře, aby se pohybovalo vpřed. Také my potřebujeme stejný stimul – v podobě strachu, na kterém stojí všechno ostatní.

Strach je dobrý proto, abychom si přáli postupovat vpřed. Poté je třeba vysvětlit, jaký strach nás obzvlášť nutí k pohybu. Aby bylo možné vysvětlit všechny druhy a aspekty strachu, motivy a stimuly pohybu, člověk potřebuje skupinu, ve které si musí vše odpracovat. Jestli člověk nechce postupovat prostě na základě živočišného strachu, ale má nějaké jiné pohnutky, nenajde uvnitř sebe možnosti pro zpracování všech těchto údajů; kvůli tomu potřebuje skupinu. Pouze ve skupině může člověk najít správné stimuly, protože spatří, na jakém stupni je, že je egoistický a kašle úplně na všechny. Pak začne mít strach druhého typu: z toho, nakolik je skutečně vzdálen od vlastnosti odevzdání. Zpracování všech těchto fází je možné pouze ve skupině.

Otázka*: Je řečeno, že Stvořitel chtěl vyznamenat Izrael, a proto jim „navýšil" Tóru a Přikázání. Co znamená „navýšil"?*

Stvořitel chtěl očistit Izrael, tj. ty, kdož směřují ke Stvořiteli. *Jisra'el* je stvoření, ve kterém je kromě *Malchut* ještě bod *Biny*. *Binou* se nazývá ten, kdo směřuje ke Stvořiteli.[12] Pokud má někdo tento bod, pak se nazývá „*Jisra'el*" – směřuje ke Stvořiteli.

Takového člověka, takové stvoření, které má kromě *Malchut* zároveň ještě bod *Biny*, je třeba táhnout vpřed a postrkovat zezadu. Jakým způsobem se to realizuje? Bod *Biny* se nachází uvnitř egoismu, v zajetí egoismu, v zajetí *Malchut*. Aby začal bod *Biny* vládnout nad *Malchut*, je zapotřebí k *Malchut* přidat clonu (*Masach*), tj. očistit ji od egoistického záměru.

---

[12] *Jisra'el* (ישראל) pochází ze slov *Jašar El* (ישר אל) – přímo ke Stvořiteli.

Není třeba ubírat přání, nýbrž egoistický záměr a ten zaměnit za altruistický, aby nad *Malchut* vládla *Bina* (přání dávat) a řídila ji. To se nazývá očištěním stvoření, očištěním *Jisae'le*, očištěním *Malchut*. Jakým způsobem se to realizuje? Pomocí Tóry a Přikázání, jež jim (národu Izraele) dal Stvořitel.

Vyvstává otázka: Proč je v textu použito „navýšil jim Tóru a Přikázání"? Mělo by být řečeno: „dal jim, svěřil," jak je řečeno na jiných místech. Ale zde se používá právě slovo „navýšil". Navýšil pro ně Tóru a Přikázání, jakoby druzí měli také Tóru a Přikázání? Tóra a Přikázání jsou pro všechny – pro neživou, rostlinnou a živočišnou přírodu. Tórou a Přikázáními jsou nazvány zákony přírody a celého vesmíru – všechno, co se učíme na neživé, biologické, živočišné, psychologické a společenské úrovni.

Veškerá příroda funguje podle určitých zákonů, které vycházejí ze zákonů protikladného postavení Světla a přání (*Or* a *Kli*), které stvořil Stvořitel. Vycházejí z toho všechny zákony přírody (tudíž i pozemské přírody našeho světa) na všech úrovních. Společně se tyto zákony nazývají Tóra a každý z nich se nazývá Přikázáním, přáním Stvořitele, působením Světla.

Proto je nutné říci, že ti, kteří v sobě ještě nemají bod *Biny*, plní všechny zákony Stvořitele automaticky. Ale pro ty, kdož obdrželi bod Stvořitele, *Binu*, a začínají ji rozvíjet, se odhaluje doplňující Tóra a Přikázání.

Co znamená „doplňující"? Znamená to, že se jim odkrývají zákony, které mohou plnit, nebo ne, když vycházejí ze svých přání, ze svých rozhodnutí. Takto se pro ně odhaluje doplňující část vesmíru. Chceš být dobrovolně podobný Stvořiteli, nebo ne, plnit Jeho zákony, nebo ne? Prosím, máš možnost.

Existují zákony, na jejichž plnění se tě neptají. Ale ve vesmíru jsou také další zákony (je jich 613), a co se jich týče, máš možnost dobrovolně dospět k jejich plnění. Právě v rozsahu jejich splnění se nazýváš člověkem. Nenazýváš se „člověkem" (*Adamem*), když plníš všechny ostatní zákony, kde naprosto nic neupravuješ, nic neřešíš – tam se nazýváš prostě stvoření (na neživé, rostlinné a živočišné úrovni).

Také nyní je v mém nitru, v mém těle, neživá, rostlinná a živočišná úroveň, a já nemám žádnou možnost je ovlivnit. Existuje určitá relativní možnost působení prostřednictvím určitých vnějších vlivů, avšak není možné zasahovat do vnitřního chodu programu. Neznám nic o množství sil, které mne ovlivňují, ani o tom, jak já ovlivňuji svět.

Kabalisté o tom také nic nepíší. Pouze nám předávají informace o 613 zákonech, kde můžeme projevit svoje přání – splnit je, nebo ne.

Je možné, že ještě existují milióny zákonů, o kterých nám vůbec nic neřekli. Jsou to zákony, které existují ve vesmíru: zákony Světla vzhledem ke *Kli*, které On stvořil, neboli Stvořitele vzhledem ke stvoření. Tyto zákony se nás netýkají, nemůžeme v nich vyjádřit svoje postoje, svoji svobodu volby. To je třeba přesně pochopit.

Na druhé straně můžeš říci: „Něco nechápu. Vím jen to, že se *Kli*, celá *Malchut*, rozbila, smíchala se s *Binou* a nyní se napravuje na ‚pro Stvořitele'. Nebo existují ještě nějaké úrovně *Malchut*, v nichž neproběhlo rozbíjení, nejsou zapojeny do tohoto procesu, nepodléhají našemu odhalení v tomto procesu? *TES*[13] o nich nehovoří?" Jak ti to říci? Počkáme a uvidíme. „Na světě je mnohé, milý Horácio..."

Otázka: *Co znamená: „Být hrdý na to, že nám dal Stvořitel možnost"?*

Tato hrdost nesmí vycházet z mého egoismu a jakýchsi mých vlastních vlastností, nýbrž z toho, že mi Stvořitel poskytl možnost vykonávat určité skutky proto, abych se Mu stal podobným. To znamená, že hrdost musí být připsána na vrub Stvořiteli. Je zapotřebí být hrdý na Něho, být hrdý na ten bod, který do mne umístil, aby pro mne byl důležitější než všechno ostatní. Být hrdý znamená vyzdvihnout něco nad všechno ostatní. Co vyzdvihuji? Ten bod Stvořitele, který mi dal oproti veškeré ostatní přírodě. Pokud to takto dělám, dělám to dobře. Poskytne mi to sílu a stimul, abych nepostupoval díky strádání, které mne postrkují zezadu, nýbrž svým směřováním kupředu a zvětšováním tohoto bodu.

Hrdost pochází z *Keteru* a strach z *Malchut*. A samozřejmě je lepší směřovat vpřed prostřednictvím kladné síly.

---

[13] *Talmud Eser Sfirot* – Učení deseti *Sfirot*, stěžejní dílo Ba'ala HaSulama. Zkratku *TES* čti *Ta'as* – ze slova *Ta'ase* – činit.

Láska k přátelům

20. 12. 2004

Nyní vysvětlím několik otázek, které souvisejí s pojmem „láska k přátelům":
1. Nevyhnutelnost lásky k přátelům.
2. Proč jsem si vybral právě tyto přátele? Proč si přátelé vybrali mne?
3. Měl by každý přítel otevřeně projevovat svoje city vůči ostatním členům skupiny, nebo stačí, aby je miloval srdcem a neprojevoval to navenek, zůstal skromným (jak je známo, že skromnost je velmi důležitá)?

Člověk má množství myšlenek a zdůvodnění ohledně toho, jak se chovat; na každé své rozhodnutí může najít množství potvrzujících myšlenek a důvodů a vždy bude mít subjektivní pravdu. Otázka nespočívá v tom, jak mít pravdu, ale v tom, jak být na správné cestě. Odůvodnit je možné všechno.

Řeknu to jinak: Pokud člověk otevřeně projevuje lásku, kterou ve svém srdci chová k přátelům, pak projev tohoto citu může probudit srdce přátel a oni také pocítí stejný cit. V důsledku toho se budou srdce přátel sčítat, přičemž společný cit, který vznikne, bude mnohem větší než prostý aritmetický součet jejich individuálních citů, vztahů mezi nimi.

Stává se, že každý člen skupiny, je-li složena, řekněme, z deseti členů, obdrží cit desetkrát silnější, protože bude složen z deseti citů přátel, jelikož všech deset lidí chápe, že je láska k přátelům nezbytná. Pokud členové skupiny neprojevují svoje city otevřeně, pak je každý z nich ochuzen o tu kolektivní sílu, která je přítomna v prvním případě, jenž je uveden výše.

Pokud člověk od svých přátel nezíská dojem o důležitosti vzájemné lásky, nebude mít sílu se vymanit ze svého egoismu (samozřejmě, že se nyní ještě od něho osvobodit nemůže, ale může třeba začít přemýšlet o tom, že by nebylo špatné se ho zbavit).

V takovém případě je těžké hodnotit přítele kladně a každý si myslí, že právě on je spravedlivý a že pouze on miluje své přátele, ale oni mu to neoplácejí vzájemností. Ukazuje se, že má člověk velmi málo sil k tomu, aby mohl dospět k lásce k bližnímu.

Z toho vyplývá, že je v lásce k přátelům nutné zejména zjevné projevování citů, a nikoliv skromnost a umírněnost.

Člověk musí projevovat city lásky k přátelům záměrně. Sice je ještě necítí, ale přeje si je získat: přeje si od svých přátel obdržet deset krát více, než projevuje – proto vyjadřuje svoje city.

Tyto pocity v něm nejsou přirozené, on si však za ně přeje získat opravdové dojmy od ostatních. Sebe vkládá proti svému přání a za to přijímá dojmy od přátel. Ačkoliv budou jejich projevy lásky k němu absolutně nepřirozené, umělé, bude je stejně vnímat jako jejich přirozené city, a tímto způsobem vznikne dojem, že jsou jejich city opravdové, a tak jim začne závidět, že oni tyto city mají, a on ne.

Vždy je však nutné si připomínat cíl existence skupiny. V opačném případě se tělo postará o zamlžení tohoto cíle, protože tělo se vždy stará pouze o vlastní prospěch. Proto je vždy třeba pamatovat na to, že cíl skupiny spočívá v realizaci zákona „Miluj bližního svého", což je rozhodně odrazový můstek pro dosažení lásky ke Stvořiteli.

Konečný cíl je výchozí bod, počínaje myšlenkou: kam musím dospět, čeho musím dosáhnout?

Konečný cíl – dosažení podobnosti se Stvořitelem – musí být pocítěn a přítomen v každém hnutí člověka. Pokud v jakémkoliv nejnepatrnějším činu tento záměr chybí, znamená to, že tento čin nesměřuje k přiblížení se k cíli.

Potřebuji dosáhnout podobnosti se Stvořitelem, a když z toho vycházím, musím dosáhnout vlastnosti odevzdání. Proto, abych dosáhl vlastnosti odevzdání, jsou moje individuální úsilí nedostatečná – potřebuji skupinu. Jakou tedy v souladu s tím potřebuji skupinu, jaké má mít vlastnosti, zákony, podmínky, ústavu?

Výhradně konečný cíl – výlučně ten – by měl plně určovat jakékoliv naše podmínky, vztahy, ústavu. Pouze tento konečný cíl. Pokud nevíme, jakým způsobem máme vést sami sebe, znamená to, že našim činům a myšlenkám chybí konečný cíl, nechápeme jej. Pouze on musí být začátkem i koncem každého našeho malého činu.

Skupinu člověk potřebuje proto, aby mohl poskytovat potěšení přátelům a nežádat cokoli na oplátku (tj. dosáhnout stavu odevzdávání), a nikoliv proto, aby skupina pomáhala jemu a naplňovala jeho egoistická přání. To znamená, že je skupina prostředkem dosažení podobnosti se Stvořitelem.

Vždyť jestliže každý člen skupiny, z nichž je vytvořena, spoléhá pouze na pomoc druhých, pak je taková skupina založena na egoismu a pouze umocňuje egoismus každého. Tehdy v ní člověk vidí pouze nástroj pro uspokojení svých materiálních potřeb. Proto je vždy nutné pamatovat na to, že skupina musí být založena na lásce k bližnímu (jelikož této lásky nakonec musíme dosáhnout).

Každý člen skupiny od ní musí přijímat lásku k bližnímu a nenávist ke svému egoismu (to je důsledek správného vytvoření skupiny). Každý člověk spatří, že se jeho přítel snaží překonat svůj egoismus, a to mu dodá doplňující síly.

Pouze na příkladu druhých lidí, kteří nás obklopují, se můžeme naučit tomu, co je třeba dělat. Žádné jiné pobízející síly, žádné jiné prostředky, které by nás probouzely k připodobnění se Stvořiteli, neexistují – pouze příklad lidí v okolí.

Člověk se rodí živočišným a vychovávají ho ti lidé, kteří ho obklopují. Shora, od Stvořitele, člověk dostává jenom záměr k Němu dospět, který není oděn do žádné formy; dokonce sám nechápe, co chce a o co usiluje. A vnější formu – čemu a jak se připodobnit – člověku musí poskytnout okolí.

Člověk spatří, že se jeho přítel snaží překonat svůj egoismus, a to mu přidá doplňující síly. V takovém případě se záměry všech přátel sloučí do jednoho celku. A pokud je v dané skupině deset lidí, každý z nich obdrží desetinásobnou sílu všech, kteří překonávají svůj egoismus a snaží se získat lásku k bližnímu.

Ale pokud si všichni členové skupiny v důsledku falešné skromnosti navzájem neprojevují svoje city, pak k posílení jejich citů nedojde. Naopak, postupně každý z nich ztrácí přání kráčet cestou lásky k bližnímu a vrací se do područí lásky k sobě.

Takže je podmínka „Miluj bližního svého jako sebe saméhoʺ nezbytnou podmínkou pro získání Vyššího světla, pro obdržení Tóry, a ve skupině se musí přísně dodržovat. Do té doby, dokud skupina k této podmínce nedospěje, neotevře se v ní Vyšší světlo. Proto je veškerý útok nasměrován dovnitř sebe samého a proti sobě samému.

Útočná akce ke vstupu do Vyššího světa spočívá v tom, abych každému ukazoval a všem projevoval to, co si přeji mít (nikoliv to, co již mám) – tu lásku, to spojení mezi námi, které by existovalo, kdybych již měl vlastnosti odevzdání, altruistické *Kelim*.

Dokud si to všichni členové skupiny navzájem nedodají, nevybaví se takovými podněty, pohnutkami a takovými příklady, do té doby nebude mít žádný člen skupiny sílu ke splynutí, ke spojení s druhými, nevznikne společné *Kli* a samozřejmě se v něm neprojeví Vyšší světlo.

Jak silné musí člověk získat od skupiny nadšení? Shodné s počtem členů skupiny, jak říká Rabaš v jiných článcích nebo Ba'al HaSulam v článku Záruka (*Arvut*). Pokud někdo nepřidává svůj díl, znamená to, že tato síla chybí každému a všem společně, takže se již nevytvoří celkové společné *Kli*, do kterého může vstoupit Vyšší světlo.

Místo proseb a volání o něco ke Stvořiteli je třeba obracet pozornost na to, kdo ve skutečnosti jsme. Zda se nepřicházíme prostě jen učit, zda pouze nezabíráme místo, když sedíme v učebním sále. Nebo přicházíme proto, abychom ze sebe připravili společné *Kli*, uskutečnili praktický čin, ve kterém se skutečně odhalí Stvořitel.

A pokud přicházíme proto, abychom si poslechli krásná slova a trochu velikého moudra z *TES*, pak v důsledku takového studia, takových postojů, naopak odejdeme každý do svého egoismu, staneme se stále většími individualisty, kteří provádějí různé kalkulace ohledně druhých. A ukazuje se, že namísto vytvoření společného *Kli* se cítíme stále více nejednotní.

Neexistuje jiný způsob vzestupu do Vyššího světa než mechanicky dodržet podmínky, které jsou po nás vyžadovány. Stvořitel nepotřebuje, abychom přešli z egoismu na altruismus – to je nemožné. On potřebuje, aby každý z nás udělal to, co je v jeho silách, tj. ukázal všem ostatním, že je připraven je milovat (zatím je nemiluje, ale je připraven je milovat) kvůli dosažení duchovního světa. Milovat egoisticky – protože se dosud nachází v egoismu, ale zároveň projevovat tuto připravenost k lásce vůči druhým.

To bude stačit k tomu, aby každý, kdo k sobě od přátel pocítí umělou lásku, začal také pociťovat nezbytnost stejného vztahu k ostatním. Tím je také garantováno dosažení odhalení Stvořitele. A to se nazývá vzájemná záruka, kterou každý člen skupiny poskytuje ostatním.

Záruka je vzájemná garance všech členů skupiny, že se veškerými svými úsilími zavazují si projevovat vzájemnou lásku (zatím umělou). Vždyť pokud by se nacházeli na úrovni přirozené lásky, již by byli v duchovním světě, v odevzdání. Láska je odevzdání.

Do té doby, než bude skupina naladěna na takové působení, nelze říci, že členové skupiny udělali byť jen malý krůček kupředu na cestě k duchovnímu. Oni se zatím prostě zabývají přípravnou prací, tj. studují, trochu si uvědomují, co mají opravdu udělat: jakou praktickou, zatím ještě egoistickou činnost.

Pouze poté, když se zklamou ve svém studiu, ve své práci, ve svých *Ješivot Chaverim*, absolutně ve všem a pochopí, že zejména je třeba si navzájem projevovat umělou lásku, aby tím povzbudili přítele ke stejnému citu a k úsilí o dosažení *Arvutu* (vzájemné garance, vzájemné podpory), pouze tehdy je možné hovořit o tom, že můžeme dospět k duchovnímu vzestupu – až do dosažení vlastnosti odevzdání a v souladu s tím uvnitř vlastnosti odevzdání k odhalení Světla Stvořitele v míře podobnosti s Ním.

Správný směr k nápravě, připojení tohoto nutného bodu k vynakládanému úsilí a zaměření veškeré koncentrace pozornosti právě na to je naprosto nezbytným uvědoměním si toho, co by měl člověk udělat.

Pokud si dnes uvědomíme, že kvůli dosažení cíle potřebujeme splnit podmínku lásky k přátelům (jako absolutně nezbytnou a dostatečnou) a spojíme s tím každý náš duchovní skutek, tj. budeme se snažit v sobě rozvinout zejména tuto vnitřní pohnutku, bude nám to stačit na uskutečnění celého našeho programu nápravy. Protože náprava člověka není nic jiného než láska ke Stvořiteli, která se realizuje prostřednictvím lásky k bližnímu; jelikož tito bližní jsou stvořeni speciálně proto, abychom se správně antiegoisticky zaměřili na Stvořitele.

Kromě dosažení lásky, tj. vystoupení ze svého ega, péče o druhé a přechodu k odevzdávání (*Hašpa'a*), do vlastnosti *Biny*, není ničeho více. Tato činnost se prostě nazývá láska. Jinak řečeno, když vnímám *Kelim*, přání druhého, jako svoje vlastní a pracuji ve prospěch toho, abych je naplnil, tato činnost z mojí strany se nazývá láska.

Když říkáme, že je třeba dosáhnout odevzdání a lásky ke Stvořiteli, máme tím na mysli, že je odevzdávání a láska ke všem ostatním duším absolutně rovnocenná, ekvivalentní, totožná lásce ke Stvořiteli.

Tam – uvnitř tohoto pocitu k ostatním duším – odhalujeme lásku ke Stvořiteli a pociťujeme splynutí s Ním – právě ve společném *Kli*, které vnímáme, když se spojujeme, slučujeme se všemi jeho částmi pomocí odevzdávání.

Vrátíme se k otázkám, položeným na začátku článku.

Bezpodmínečnost lásky k přátelům. Vychází z toho, že musím dosáhnout lásky ke Stvořiteli, tj. podobnosti s Ním.
Proč jsem si vybral právě tyto přátele? Protože směřují ke Stvořiteli a mohou mi pomoci toho dosáhnout. **Proč si oni vybrali mě?** Vybírají si mne pouze v případě, pokud také souhlasím s tím, že půjdu společně s nimi k tomuto cíli. To znamená, že jsme se vzájemně zavázali, že si budeme pomáhat v realizaci naší touhy dosáhnout lásky ke Stvořiteli prostřednictvím lásky k přátelům, a proto si vybíráme jeden druhého.
Měl by každý přítel otevřeně projevovat svoje city k ostatním členům skupiny, nebo zůstat skromným? Každý je povinen projevovat svoje city, ale nikoliv hrubě, necitlivě, ale tak, aby se v druhém vytvářel dojem jejich upřímnosti. To znamená, že si každý z přátel přeje mít stejný vztah ke Stvořiteli, přeje si dosáhnout duchovního, proto se tak projevuje vůči mně. Chápu, že jsou jeho city, které vůči mně projevuje, ukazatelem jeho touhy po Stvořiteli, a tehdy se ve mně spojují do jedné společné činnosti.
Měl by každý vědět, co chybí kterémukoliv příteli, aby věděl, čím ho může naplnit, nebo stačí, aby se staral o lásku k přátelům obecně?
Na to Rabaš neodpovídá. Na to odpovídáme poté, co splníme předcházející body.

Otázka: Co je důležitější: ukazovat přátelům velikost Stvořitele, projevovat svoji lásku k nim, nebo jim ukazovat svoji lásku ke Stvořiteli?

To všechno je totéž, protože je vše určeno konečným cílem – přáním dosáhnout Stvořitele a stát se Mu podobným.

„Dosáhnout" není zcela vhodné slovo, neboť nás může zmást. Co znamená dosáhnout? Odletět někam, kde se nachází On, přijet k Němu? Dosáhnout znamená stát se Mu podobným, „dostat se" k Němu svými vlastnostmi, sblížit se s Ním prostřednictvím postupné změny svých vlastností. Právě tato změna ve mně určuje všechno ostatní.

Velikost Stvořitele, velikost vlastností odevzdání, velikost cíle – je též velikostí lásky k bližnímu a také její realizací. To vše je absolutně totéž, není v tom rozdíl. Ba'al HaSulam o tom hovoří v knize *Pri Chacham* (v dopise na s. 63). Pokud se člověku zdá, že on, jeho skupina, jeho činnost, činnost skupiny, Stvořitel, vlastnosti Stvořitele, že to všechno je rozděleno na části, které se neskládají dohromady, nebo když se skládají, ale po částech, vypovídá to o tom, že si ještě nesprávně a ne zcela plně představuje celý tento úmysl. Protože v něm žádné části nejsou, vše je absolutně totéž: duše, snažící se o vzájemnou lásku a podporu, aby dosáhly cíle a Stvořitele, sám Stvořitel a láska, tj. odevzdání – vše je totéž. Vždyť hovoříme o úplně posledním stavu, kde je *Kli* rovnocenné Světlu a společně s ním se nachází v absolutně nerozdělitelné shodě a spojení.

Otázka: Navenek neustále plníme vše potřebné, o čem píše Rabaš (plné projevování lásky atd.), ale stejně chybí nějaký prvek. Co chybí skupině?

Je dost dobře možné, že se každý vyjadřuje, tudíž ze sebe vydává dostatečné množství podnětů, ale je v takovém stavu, že tyto podněty od druhých nevnímá. Kolem mě se v takových stavech může nacházet skupina, všichni na mě chtějí působit a já si myslím: „Ano, není to špatné, dobře pracujete, přátelé, pokračujte."

Jak v takovém případě mohu získat silný dojem o velikosti Stvořitele, velikosti cíle? Jak se mohu díky velikosti jejich přání kvůli Stvořiteli snížit, pokud to nevnímám? Nutně potřebuji velkou vnitřní přípravu, zklamání ze všeho ostatního, pochopení, že mi nic jiného nepomůže.

Jediné, co může pomoci, je obrovský zákrok na sobě samém. Pak začnu naslouchat a přemýšlet: „Možná je kolem mne překrásná skupina, která dělá všechno, co je nezbytné?" Je zde však ještě potřebná příprava člověka, aby naslouchal tomu, co se děje.

Velmi málo lidí ve skupině se nachází ve stavu připravenosti tomu naslouchat. Ostatní jsou také jakoby připraveni, ale ve skutečnosti ještě nejsou úplně zklamáni, nemají touhu, záměr, rezolutní „buď toto, nebo smrt"[14] – takového stavu ještě nedosáhli. A proto nenaslouchají, a tak nezískávají potřebné pocity z okolního prostředí.

Pokud by okolí působilo jako televizní reklama, tj. na frekvenci mého egoismu, pak by bylo všechno normální. Stačilo by se pouze lépe naladit na svůj egoismus v souladu se svými vnitřními kvalitami, návyky, výchovou. Proto mnohé reklamní agentury vyučují, jak lépe

---

[14] *Tov Li Muti mi-Chajaj –* טוב לי מותי מחיי, dosl. lepší smrt než takový život.

zapůsobit na člověka, vysvětlují, „Jaká je cílová skupina obyvatelstva, kterému chceme výhodněji prodat to, co si přejeme". Takže se učí, v jaké formě náš egoismus vnímá potěšení.

Zde však egoismus nepracuje. Naopak, musím od skupiny získat antiegoistické dojmy. Proto vůči mně skupina v žádném případě nemůže pracovat jako reklamní tým. Může mi doporučovat všechno, cokoliv, ale můj egoismus to automaticky nezaregistruje. Musím se přinutit a ve svém nitru souhlasit s tím, že uslyším cosi proti svému egu. Musím se svého egoismu zříci a pochopit, že se ho potřebuji jakýmkoliv způsobem zbavit. A pouze když takového stavu dosáhnu, říkám si: „Je to tak – nic jiného není, nejspíš je to právě takto zapotřebí," pouze poté mohu naslouchat tomu, co mi říkají přátelé.

Mohu se nacházet ve společnosti rabiho Šimona a jeho žáků, ale i mezi nimi budu stejně sedět jako socha a nedokážu nic vnímat, protože ještě nejsem vnitřně připraven. A oni, i když by velmi chtěli, stejně se mnou nemohou nic udělat, neboť si ještě nepřeji nabýt těchto pocitů.

Musím dosáhnout takového přání ve svém nitru a to nastane prostřednictvím velmi velkých úsilí, obětí, vnitřních zhroucení, krizí, rozbití, když člověk dospěje k úplnému zklamání ze svého egoismu a souhlasí s tím, že se ho úplně zřekne. A pouze tehdy je připraven naslouchat o antiegoistických činech, poněvadž skupina hovoří výlučně o nich.

Naše práce v podstatě spočívá pouze v tomto. Všechno ostatní je velmi snadné, všechny stupně pak nastupují jeden za druhým. To nejdůležitější je právě tento první stupeň. Je skutečně nejsložitější. Všechno ostatní probíhá jednoduše, automaticky. Ale ten úplně první stupeň vyžaduje roky a roky. Pokud na to život vůbec bude stačit...

Otázka: *Jaké vlastnosti by měli mít lidé, kteří přicházejí do skupiny?*

Lidé, kteří se shromažďují ve skupině, by již měli být v určitém stupni zralí k tomu, aby postoupili dále. Tomu, kdo nedozrál, je třeba vytvořit takové podmínky, aby rychle pochopil, že to ještě není pro něho, nechme ho jít zpět do nějakých vnějších kruhů a skupin. Není třeba ředit skupinu nadbytečným množstvím na úkor kvality, protože jinak nebude dosaženo cíle. Skupinu je také možné rozdělit na několik podskupin.

Není důležité, že má skupina více vrstev, že je složená, skládá se z mnohých různých vnějších parametrů. Pro nás je důležité pouze zaměření každého člena na cíl. Všechno ostatní nemá vůbec žádný význam: ani původ, ani charakter, ani věk – nic. Význam má pouze jedno – zaměřuje-li se člověk na stejný cíl, chápe-li jej, je-li pro něho připraven na vše.

A všechno ostatní je nám dáno Shora od Stvořitele. Všichni jsme ve všem odlišní. Neměli bychom přemýšlet o rozdílech mezi námi – to by nebylo správné. Pro každého z nás by mělo být důležité jenom jedno: jsou moji přátelé kvůli odhalení Stvořitele připraveni na všechno? Pokud ano, musíme si navzájem pomáhat a co nejdříve pochopit, že jediný způsob, jak dosáhnout toho, po čem toužíme, je vytvořit společné *Kli*. To je všechno. Když z toho vycházíme, musí každá skupina organizovat svoji práci a neutěšovat se iluzemi, že to přijde samo či po několika letech kabalistické praxe nebo nějak podobně.

Miluj bližního svého jako sebe samého

21. 12. 2004

Podstata všech původních článků, které psal Rabaš pro skupinu, se redukuje na jedno: na vysvětlení nevyhnutelnosti naší jediné nápravy – vymanit se z našeho ega a začít navazovat láskyplné vztahy k druhým. To je to jediné, co je nutné pro nápravu *Kli*.

Do tohoto pravidla – „Miluj bližního svého jako sebe samého" – je včleněno všech 612 náprav (přání, které člověk musí napravit). V traktátu *Šabat* v *Talmudu* mudrci říkají, že s pomocí 612 náprav se lidé stávají hodni splnění pravidla „Miluj bližního svého jako sebe samého" a poté se stávají hodni i lásky ke Stvořiteli.

My se nacházíme na nejnižší úrovni, ze které se začínáme pozvedávat z dvojnásobného ukrytí, poté z jednoduchého ukrytí, procházíme přes *Machsom* a obdržíme odhalení Stvořitele. Zpočátku procházíme etapou odhalení, která se nazývá „odměna a trest" (je také rozdělena na několik dílčích stupňů), následující druh odhalení se nazývá „láska k bližnímu" a potom „láska ke Stvořiteli".

Tímto způsobem procházíme 612 náprav egoismu. Nyní jsme ve stavech ukrytí – toto období se nazývá *Zman Hachana* (doba přípravy).

Ale od okamžiku, kdy jsme pocítili bod v srdci a začali studovat kabalu, se pozvedáváme Vzhůru a nacházíme se ve stavech dvojnásobného nebo jednoduchého ukrytí. A jakmile překročíme přes *Machsom*, začínáme se napravovat a pozvedáváme se po stupních nápravy. Těchto stupňů je 612, což odpovídá množství přání. Když napravujeme tato přání, pozvedáváme se po 612 stupních. V důsledku nápravy všech 612 přání vcházíme do 613. nápravy – „lásky ke Stvořiteli".

Co nám poskytne láska k přátelům? V pátém článku bylo řečeno, že jelikož je v odděleném člověku láska k bližnímu velmi slabá, ještě se neprojevila, musí se několik lidí spojit do skupiny.

Jakým způsobem se mohu stále pozvedávat Vzhůru? Každý můj vzestup Vzhůru ze stupínku na stupínek – to je stále větší a větší vystoupení z mého egoismu a začátek přechodu k altruismu. Co znamená „přechodu k altruismu"?

Uvnitř *Kli*, které se nazývá *Adam* (nebo společná duše), se nachází můj bod, moje „já". Pokud se chci stát velkým společným *Kli*, dosáhnout dokonalosti a věčnosti, musím k sobě připojit všechny ostatní duše. To se také nazývá začít je milovat čili neobracet pozornost na lidi, kteří jsou kolem mě (stejně nepochopím, jaké jsou to duše), ale chápat, že jsou v jejich nitru duše, *Kelim*, které jsou se mnou spojeny. Musím je k sobě správně připojit, používat je, výsledkem čehož se vytvoří *Adam* – a to budu já.

Jakým způsobem toho mohu dosáhnout? Jak je třeba jednat ve vztahu k druhému, abych překonal egoismus a zřekl se malého osobního potěšení ve prospěch druhého? Pokud se spojí několik lidí, kteří mají přání dosáhnout lásky k bližnímu a chápou, že je to nutné učinit, že jediný způsob, jak dosáhnout věčnosti, blaženosti a dokonalosti, spočívá ve vymanění se z našeho ohraničeného světa. Avšak jak je možné nejen naslouchat, ale také začít jednat?

Mohu sedět a poslouchat o tom desítky let, a nic se se mnou nestane. **Se mnou se to stane, pouze když vstoupím do skupiny, kde bude každý překonávat svůj egoismus (podle dohody mezi námi) ve vztahu k druhému. A jestliže si budeme vzájemně ukazovat, že to děláme, získáme síly od všech ostatních a nastane vzrůst všech individuálních sil každého člena skupiny do jedné velké síly. A tehdy vznikne možnost splnit zákon „Miluj bližního".**

Zdá se, že se zde vyskytuje rozpor. Mudrci řekli, že je pro splnění tohoto zákona zapotřebí splnit všech ostatních 612 pokynů, ale my vidíme, že pro dosažení „lásky k bližnímu" stačí pouze láska k přátelům ve skupině.

Takže úplně zanechávám stoupání po duchovních stupních ve světech a zabývám se pouze sjednocováním se svými přáteli ve skupině? Kultivujeme lásku mezi sebou, každý z nás to ukazuje druhému, a takovým způsobem od sebe navzájem získáváme pocity a postupujeme dále? Stačí, když pracuji takto, nebo se mám zabývat svým vzestupem po duchovním žebříku ke Stvořiteli?

V našem nitru neustále vzniká nějaký rozpor, rozpolcenost: zda pracovat ve skupině a rozvíjet lásku k přátelům, nebo pracovat s knížkou a se Stvořitelem, zaměřovat se na Něho. Nevidíme, jakým způsobem jsou spolu spojeny tyto dva objekty, dvě sféry činnosti.

V životě, který nás obklopuje, vidíme, že materialisticky založení lidé také milují přátele, také se sdružují do různých skupin. V čem spočívá rozdíl mezi skupinou, která je založena na principu lásky k bližnímu, a laickou skupinou?

Jedná se o to, že když se lidé spojují do skupiny, činí to proto, že se snaží si navzájem zlepšit materiální situaci (nebo si vzájemně pozvednout náladu, o něco se zajímat, pobavit se nebo mají cíl ozdravení, pokud se zabývají sportem). **Každý počítá s tím, že ze členství v této skupině získá nějakou osobní egoistickou výhodu.**

Taková skupina je založena na principu egoistického naplnění, a pokud v ní člověk nezískává to, s čím počítal, lituje, že do ní vstoupil a odejde z ní.

Jestliže do takové skupiny přijde člověk a řekne: „Je třeba se zabývat zvyšováním velikosti Stvořitele, připodobněním se Stvořiteli a podobnost k Němu je láska k bližnímu," tak se tomu samozřejmě začnou smát.

Proto je nutné najít zvláštní skupinu, ve které lidé již od začátku chápou, že posun k duchovnímu je posunem pouze k altruismu prostřednictvím oddálení se od egoismu.

Pokud každý člen skupiny překoná svůj egoismus ve vztahu k přátelům, tímto způsobem z nich pak vzniká jediný organismus a maličké výhonky lásky k bližnímu, které má každý, se

spojují a vytvářejí novou velkou sílu, přičemž tuto velkou sílu obdrží každý člen skupiny.

V tom spočívá rozdíl mezi spojením lidí na základě egoistického *Kli* (*Klipy*) a spojením kvůli dosažení altruistického *Kli*.

Pokud jsme se sjednotili, abychom vytvořili společný podnik, abychom se všichni naplnili, pak je možné, že společně vyděláme více než každý zvlášť, ale nakonec si rozdělíme výsledek naší práce.

To bude vypadat takto: „já" plus „ty" – společný podnik, na základě kterého obdržíme zisk. Tento zisk bychom samostatně nemohli získat, proto jsme se spojili. Ale zisk si mezi sebou dělíme v souladu s tím, co jsme vložili. Připusťme, že jsem vložil 1/3, ty jsi vložil 2/3 – v souladu s tím si já vezmu 1/3 zisku a ty 2/3. To se týká materiálního světa.

Duchovní se nedělí na části. Pokud jsem „já" plus „ty", pak jsme v souhrnu obdrželi jedno duchovní *Kli* a ukazuje se, že já i ty – každý máme toto *Kli*, celých 100 %.

Proč? Jak každý může mít 100 %? Z čeho to vychází?

Vychází to z toho, že jsme v důsledku naší práce neobdrželi určitou sumu jako v materiálním světě, ale obdrželi jsme souhrnné odhalení Stvořitele v našem *Kli*. A když se odkrývá Stvořitel, otevírá se Světlo a od tohoto Světla můžeš zapálit tisíc svící, a ono se přitom nezmenší. Takže ho je dost pro mě, pro tebe, a pokud nás budou ještě milióny, bude ho dost i pro miliony – duchovní zisk stačí pro každého, ale každý samozřejmě obdrží tolik, kolik vkládá.

Pokud jsem vložil do tohoto díla 1/3 a přítel vložil 2/3, nepotřebujeme se dělit: já jsem připravil svoje *Kli* tak, že mohu obdržet pouze 1/3 (to automaticky). Nikoliv proto, že mne přítel okrade; objevil se zdroj, který je pro nás společný, a já z něho mohu obdržet pouze v souladu se svou přípravou v 1/3 (nakolik jsem vložil sám sebe). A pokud můj přítel sám sebe vložil ve 2/3, znamená to, že obdrží 2/3, a pokud na 100 %, znamená to, že obdrží 100 %; jestliže vložím sám sebe na 10 %, obdržím pouze 10 %.

Můžete se zeptat: „Jak to, že jsi vložil sám sebe na 10 %, a dosáhli jste vzájemné lásky jeden k druhému?" Je samozřejmé, že vzájemná láska přátel také graduje. Člověk se nemůže okamžitě vložit na 100 %, ale dokonce i tehdy, když se bude vkládat po troškách, začne pociťovat výsledky své práce.

To nejdůležitější, co bych chtěl ukázat, je, že zdroj je společný a nezmenšuje se, pokud bere jeden i druhý.

V našem světě to v žádném případě nelze učinit, protože se náš svět nachází pod *Machsomem*. Působí v něm jiný princip, ve kterém se Stvořitel neprojevuje jako odměna, jako zdroj kýženého potěšení, proto každý ze společné pokladničky obdrží svoji část, na jejíž velikost se společná pokladnička zmenšuje. Ale v duchovním, pokud jsme dosáhli určitého stavu, každý může čerpat v souladu s *Kli*, které připravil.

Jakým způsobem člověk připravuje svoje *Kli*, aby poté přijímal naplnění z dosaženého?

„Já" plus „ty" se stává souhrnem pouze tehdy, když ze sebe vytvořím nulu vzhledem k příteli. Čím více se mohu přiblížit k nule a přítele pozvednu na vyšší stupeň, tím snadněji se vzhledem k příteli moje ego obrací v antiego a stane se velikostí mého *Kli*. Ukazuje se, že je můj vztah k příteli v podstatě charakteristikou mého duchovního *Kli*. Jinak řečeno: čím více pozvednu přítele ve svých očích, tím větší *Kli* se ve mně rozvine a já poté s tímto *Kli* přijdu a obdržím. Proto je toto duchovní *Kli* nádobou (*Kli*) odevzdání a je to rozdíl mezi mnou a tebou.

Z toho důvodu „milovat bližního jako sebe samého" (to znamená postavit přání přítele jako hlavní a zásadní proti svým přáním a nebrat svá přání v potaz) – představuje podmínku vytvoření duchovního *Kli* v člověku.

Na konci článku Rabaš říká, že v této činnosti prakticky tkví celá naše práce. To znamená, že se celá Tóra a všechna Přikázání redukují pouze na jedno: „Miluj bližního svého jako sebe samého". To znamená lásku při anulování sebe a povýšení milovaného. Rozdíl mezi tím, jak jsi pozvedl přání milovaného, aby se stalo tvým, a pečuješ o něho, přičemž se tvoje přání stává nulovým, neexistujícím – rozdíl mezi vašimi přáními se nazývá láskou nebo duchovním *Kli*.

Jaké musí být toto duchovní *Kli*? Od nulového na naší úrovni až do vzestupu na všech 613 stupňů.

Na 612 stupních člověk pracuje, přitahuje k sobě všechna ostatní *Kelim* od *Adama*, od ostatních duší. „Já" (bod v *Adamovi*) k sobě připojuji všechny ostatní duše s pomocí působení lásky, a tehdy se stanu *Adamem*. To je 612 mých skutků. Ale 613. přání pochází od Stvořitele. Když naplňuji společné *Kli*, které se ve mně projevuje (*Adam*), ve prospěch Stvořitele, znamená to, že do mne Stvořitel vejde a naplní celé toto *Kli*. Takový stav se nazývá svět Nekonečna (*Ejnsof*), splynutí se Stvořitelem nebo *Gmar Tikun* – úplná náprava nejen 612 přání, ale i 613. přání, co se týče Stvořitele.

Otázka: *Láska se projevuje mezi rovnocennými. Jak musím vykonávat svoji práci ve vztahu k druhému, pokud mi říkají: „Musíš ze sebe vzhledem k ostatním vytvořit nulu"?*

V tom článku je řečeno, že pokud člověk sám sebou representuje nulu a jeho přítel jedničku, pak svého přítele milióny, miliardy krát pozvedává, a tímto se měří velikost *Kli*, které člověk vytváří – velikost nápravy, kterou sám se sebou činí.

Jak může existovat láska k příteli, kterého povyšuješ nad sebe, jestliže láska může vzniknout pouze mezi rovnocennými? Povýšení nad sebou nastává ohledně přání (svého a přítele) – v tom, že jeho přání upřednostňuji před svým vlastním. To je nutné proto, abych ho začal milovat, tudíž začal vnímat jeho přání, jeho duši jako svoji.

Kromě toho je řečeno, že musíme povyšovat svého přítele, že z něho musím učinit největšího člověka na světě. Jak potom může zůstat mým přítelem, jak s ním mohu dospět ke vzájemné lásce a jednotě ve skupině?

Všechny tyto vztahy mezi námi, které budujeme, se týkají našich vlastností, různých rozhodnutí. Projevují se právě tím, že my – každý – povyšujeme jeden druhého, používáme přání druhého jako svoje vlastní. Výhradně zásluhou vzájemného vztahu, kde každý pozvedává druhého do výšky Stvořitele (není to přehánění: do výšky Stvořitele!), pouze tehdy dosahujeme rovnocennosti mezi sebou. Proč?

Protože na úrovni našeho světa není možné dosáhnout rovnocennosti. Na úrovni našeho světa hodnotím nulu vzhledem k sobě. Pokud se nacházím na úrovni našeho světa, pak jsou pro mne všichni nulami, ale sebe vnímám na úrovni Stvořitele. Tak člověk cítí sám sebe, protože v něm je věčná částečka Stvořitele a tato individualita v člověku, jeho osobní ego, se projevuje tímto způsobem.

Když proti tomuto stavu začínám pracovat a učiním ze sebe nulu a ze všech ostatních jedničky (jednička je míra dokonalosti: jako Stvořitel je jeden), pak tímto způsobem ve svém egoismu vyrovnávám hodnocení sebe a ostatních.

To se jenom zdá, že sám sebe snižuji vzhledem k ostatním; ve skutečnosti se nesnižuji, ale spojuji, slévám se se všemi ostatními dušemi, které se nacházejí v *Adamovi*. Splynutí s nimi je možné, jenom když překonám sám sebe; pouze v tom případě je mohu k sobě připojit. Ale přitom se neanuluji, nevymažu se, pouze je a sebe stavím na stejnou úroveň a připojuji je k sobě. Pozvednutí přítele na úroveň velikého světce rovnocenného Stvořiteli – to vše je pouze formování toho, aby byl přítel v mých očích na stejné úrovni se mnou. Tak jsme uspořádáni.

Proto taková činnost není v rozporu s přátelstvím – když jsme si všichni rovni, ale naopak, jestliže své přátele bezmezně a nekonečně miluji, znamená to, že jsou mi rovni. Pouze to necítíme, neboť stejně, jak je člověk připraven všechno dělat pro sebe, je nyní připraven vše dělat pro své přátele, jelikož je miluje, připojil jejich přání ke svým, jakoby byla jeho vlastní.

Otázka: Jak musím předem prověřit svoje přátele, než se před nimi sníží?

Nemusím je vůbec prověřovat. Nejsou k ničemu. Jsou to povaleči, lenoši, hříšníci, v žádném případě nejsou lepší než já. Proč bych je měl prověřovat? Stejně je jasné, kdo jsou. Pokud je budu prověřovat, bude to ještě horší – nikdy si z nich nevyberu.

V žádném případě bych tedy nikoho neměl prověřovat. Měl bych pracovat nad sebou, povyšovat přátele ve svých očích. Co v nich však povyšovat? Pouze jedno: záměr ke Stvořiteli, Všechno ostatní v nich není důležité. Moji přátelé mohou být, čím chtějí; musím povyšovat pouze bod Stvořitele v nich, kvůli němu se s nimi chci spojit; pro mne je nezbytné pouze jejich zaměření na Stvořitele.

Otázka: Jak mám pracovat s cizími přáními?

Naprosto nepotřebuješ pracovat s cizími přáními, ale potřebuješ pracovat s vlastními. Když před nimi anuluješ svoje přání, automaticky v sobě začínáš pociťovat stále větší a větší přání, které pochází od *Adama*, od všech ostatních duší.

Nepřipojuješ k sobě egoistická přání svých přátel (někdo má rád fotbal, někdo chodit na procházky nebo sedět v hospodě atd.) Jejich egoistická přání nepotřebuješ. Snažíš se s nimi splynout v jejich záměrech ke Stvořiteli. Ve výsledku od nich obdržíš jejich vnitřní *Kli*, duši – tu připojuješ k sobě. Ihned tě začne rozpínat, začínáš cítit svoje *Kli* jako mnohem větší. Nakonec je do sebe absorbuješ a tvoje zaměření na Stvořitele, tvoje pociťování, chápání světa se stává větší.

Nepřipojuješ k sobě špatná přání svých přátel. Jejich zaměření na Stvořiteli v tobě pracuje takovým způsobem, že se tvoje *Kli* stává obrovské, stává se *Adamem*, pozvedává se na vyšší úroveň. Pokud k sobě připojíš jejich současná přání, představuješ si, kam spadneš? Sám se sotva držíš, a pokud k sobě připojíš všechny ostatní, co s tebou bude?

Nepřipojuješ k sobě pozemská přání přátel; připojuješ k sobě jejich duše, které se nacházejí na úrovni *Adama*.

Otázka: Zásluhou čeho k sobě připojuji druhé duše?

Zásluhou toho, že se snažíš být níže než tvoji přátelé. Jejich úsilí, touhu po duchovním, hodnotíš jako nejvyšší, proto jsou přátelé ve tvých očích velicí.

Otázka: Jak to vše pracuje? Působí během lekce Or Makif, nebo musím ve vztahu k přátelům uskutečňovat nějaké fyzické činy?

Jak to musíme dělat v životě?

Ve skutečnosti to v našem všedním životě obzvlášť projevit nemůžeme. Přicházíme, učíme se, vykonáváme nějaké společné činnosti, ve kterých sám sebe takto vyjádřit nemůžeš. Nezačneš na všechny křičet: „Děcka, já vás miluji, a proto myji nádobí, myji podlahu nebo dělám v Centru ještě cosi." Ne. Veškerá tato práce probíhá v našem nitru.

Samozřejmě, že je třeba projevovat lásku k přátelům všemi možnými způsoby: převážně slovy, také trochu nějakou vnější péčí. Ale celkově nemáme příliš mnoho možností.

Jestliže k tomu budeme připraveni, obdržíme i možnosti: připusťme, společně žít, společně pracovat, v těsnější komunitě projevovat sebe sama vzhledem k ostatním. Jestliže se v nás takové síly skutečně objeví a bude to jako příklad potřebovat ostatní svět – to znamená, že to bude v souladu s rozvojem ostatního světa – tehdy samozřejmě vzniknou i fyzické možnosti pro projevení našich vnitřních pohnutek.

Otázka: Co konkrétně v sobě anuluji?

Anuluji v sobě vlastní, osobní dílčí zainteresovanost. Jako matka, která je zcela zaměřena na to, aby se dítě mělo dobře, dělá to však z egoistického hlediska. My to také zatím děláme z egoistického hlediska. Avšak tím si vyděláváme na své *Kli*, připojujeme k sobě ostatní duše.

Já sám *Kli* nejsem; sám jsem jenom bod, který k sobě může připojit všechny ostatní. Připojovat mohu pouze láskou. Láskou se nazývá absorbování všech ostatních přání do sebe, když jsem připraven vzít na sebe tvoje přání, tvoje potřeby, tvoji touhu po Stvořiteli, abych je naplnil.

Láska k přátelům

22. 12. 2004

„Miluj bližního svého jako sebe samého." Rabi Akiva řekl, že je to stěžejní zákon kabaly. Ve skutečnosti je napsáno: „Je to hlavní zákon Tóry." Ale my zdůrazňujeme – kabaly.

Je řečeno: „Já jsem stvořil egoismus a stvořil jsem Tóru pro jeho nápravu."[15] To, co se učíme ohledně nápravy, se také nazývá Tóra. Svět však vnímá Tóru jinak. Studium Tóry pokládá za učení, plnění jakýchsi vnějších rituálů namísto vnitřních dějů, které napravují egoismus. Proto zdůrazňujeme, že je „Miluj bližního svého jako sebe samého" stěžejní zákon kabaly.

Ve skutečnosti je všechno velmi jednoduché: Stvořitel nás stvořil jako egoisty a my se musíme napravit, abychom se Mu stali podobnými. Známkou naší nápravy k podobnosti Jemu je přechod od lásky k sobě k lásce k bližnímu. Nakolik je nám to nepříjemné a nepochopitelné, není důležité. Svět je uspořádán takovým způsobem, že láska ke Stvořiteli či láska k bližnímu (což je totéž) – přechod k tomuto stavu – je pobízející příčinou všech událostí, které se dějí ve světě i které se nám stávají.

Pokud kráčíme touto cestou společně se Stvořitelem, souhlasíme s Jeho tvorbou, souhlasíme s Jeho působením, pak vnímáme vše, co se děje, jako správné, dobré a příjemné a v souladu s tím se rozvíjíme. Taková cesta rozvoje se nazývá „rozvoj cestou Tóry, Světla".

---

[15] *Barati Jecer Ra, Barati Tora Tavlin* – בראתי יצר רע, בראתי תורה תבלין, dosl. Já jsem stvořil zlý počátek a dal jsem Tóru jako koření pro jeho nápravu.

Pokud si takový rozvoj nepřejeme, nechceme brát v úvahu, že jsme egoisté a že se musíme napravit (naše náprava tkví v lásce k lidem v okolí namísto lásky k sobě), pak nesouhlasíme s působením Stvořitele, s přírodou, která nás k tomu postupně vede a která je námi vnímána jako utrpení. Takovým způsobem se nám jeví celý náš život.

Čím dále se rozvíjíme, aniž bychom dospěli k souhlasu se Stvořitelem, tím více zakoušíme utrpení. A když s Ním souhlasíme, tím výrazněji prožíváme potěšení, dokonalost a věčnost. A veškerá naše náprava proto spočívá prakticky jenom v jednom: „milovat bližního jako sebe samého". Není to možné – ale tento úkol je zadán. To, co není možné silami člověka, se stane možné s pomocí Stvořitele. Znamená to, že v silách člověka je poprosit Stvořitele, aby to On napravil. Ale rozhodnutí je stejně na nás.

To znamená, že když dodržujeme pravidlo „milovat bližního", plníme všechny pokyny kabaly, které jsou v něm zahrnuty.

Příroda, která nás obklopuje, ve skutečnosti funguje podle pravidla „milovat bližního". Máme ego a všechno, co na ego působí skrze všechny světy, je absolutní altruismus. Vnímáme svět, který nás obklopuje, jako špatný, jako zlý, protože jsme protikladní jeho povaze.

Proto, abychom plně splynuli s okolním světem a reprezentovali jeden souvislý proud věčného potěšení, nemůžeme se z něho oddělovat. Musíme se napravit do podoby okolí, prostě se v něm rozplynout.

Jakým způsobem je to možné? V našich podmínkách, uvnitř sebe samých, musíme milovat bližního, každý – všechny ostatní. Podmínkou je projev altruismu v našem stavu.

Kabala nám říká: „Co od tebe potřebuje Stvořitel? Pouze to, aby ses Ho bál." Ukazuje se, že nejdůležitější potřebou člověka je bázeň před Stvořitelem, tj. pokud člověk plní tento pokyn, pak tím také plní všechny požadavky kabaly, a dokonce i zákon „Miluj bližního svého".

To nejpodstatnější je bázeň (*Jir'a*) a poté již následuje stupeň láska (*Ahava*).

Nicméně, v souladu se slovy rabiho Akivy je vše naopak, tj. zákon „Miluj bližního" v sobě zahrnuje i bázeň před Stvořitelem.

Otázka: Jak je možné od člověka vyžadovat neuvěřitelné – milovat bližního? Kde je to vidět v našem světě? Je to absolutně nereálné...

Souhlasím s těmi argumenty, protože v tomto případě člověk vychází ze své přirozenosti. Na to nelze nic namítnout. Je možné říci jen jedno: „Představ si, že mezi námi opravdu jsou lidé, kteří se nacházejí ve stavu lásky k bližnímu. Chodí společně s tebou do práce, jedou vedle tebe autobusem, potkáváš je v obchodě. Cožpak na nich vidíš, že jsou takoví? Na člověku to není vidět." Mnohá náboženství, různé duchovní metodiky k tomu vyzývají.

Jak poznáme, kdo se v tomto stavu nachází a kdo ne? Je možné, že je kolem nás mnoho lidí, kteří se k ostatním vztahují s láskou? Nijak tento vztah neprojevují. Nemusí nás obšťastňovat, nemusí o nás pečovat jako matka o malé dítě. Mají však takový postoj – jejich napravené vnitřní vlastnosti se nacházejí na takové úrovni. Žijí mezi námi.

Proto není třeba hledět na tento zákon jako na naprosto nesplnitelný nebo jako na vlastnost, se kterou není možné žít v našem světě. Je to zcela možné. A takoví lidé existují, ačkoliv to navenek na člověku není vidět.

Hovoříme pouze o tom, jak vnitřně napravit, vnitřně změnit sebe sama, abychom nepřekáželi Vyššímu světlu na cestě skrze nás. Tehdy začneme pociťovat, že jsme ponořeni v jeho objemu, že námi proniká, že se nacházíme uvnitř oceánu Vyššího světla.

Lidé, kteří prožili stavy klinické smrti, říkají, že viděli jakési daleké světlo, k němuž se vrhali jako k naprosté blaženosti... Dokonce není možné říci, nakolik je tento pocit zanedbatelný ve srovnání s tím, který můžete pocítit, když se v tomto Světle ocitnete v realitě, a nikoliv ve stavech klinické smrti, za prahem smrti.

To závisí pouze na tom, nakolik bude napraven náš vrozený egoismus. Ti, kteří se ocitli ve stavu klinické smrti, se zbavili pozemského egoismu pouze na okamžik, a proto se cítili v takovém rozpoložení. Pouze na okamžik z pozemského!

A jestliže hovoříme o tom, že se můžeme zbavit celkového egoismu a nacházet se v plné podobnosti se Světlem, jedná se o naprosto jiné úrovně. A nyní to je možné a je také možné, že toho dosáhl náš soused, a vy to nevíte. To znamená, že jsou to absolutně reálné věci.

Rabi Ele'azar říká, že je bázeň složkou pravidla „Miluj bližního svého jako sebe samého". A podle rabiho Akivy je vše zahrnuto do pravidla „Miluj bližního".

Na jiných místech *Talmudu* však mudrci říkají, že to nejdůležitější je víra, takže se ukazuje, že bázeň před Stvořitelem i láska k bližnímu jsou zahrnuty do pojmu „víra".

To znamená, že mimo to je ještě jakoby doplňující nulový stupeň – víra (*Emuna*).

Především musíme mít na paměti, co je Cílem stvoření.
Rabaš vysvětluje, proč potřebujeme všechny složky. Chceme se napravit, chceme být ve věčném dokonalém stavu, chceme se povznést nad naši přirozenost? Skutečně chceme být ve vyšším (našem normálním) stavu, a nikoliv v tomto přechodném? Co je pro to konkrétně třeba? Víra, láska, bázeň – co?

Především je nutné mít na paměti, co je Cílem stvoření. Je známo, že spočívá v tom, aby se těšila stvoření. Pokud je to tak, tj. pokud si Stvořitel přeje dát svým stvořením veškeré blaho, které On pro ně připravil, proč tedy existují tyto tři pojmy, tři podmínky: víra, bázeň před Stvořitelem, láska k bližnímu. Jsou zapotřebí pouze proto, aby vytvořily naše *Kelim*, a ty se tak staly vhodnými pro obdržení toho blaha, které nám připravil Stvořitel.

Pro dosažení podobnosti ke Stvořiteli jsou tudíž nezbytné všechny tyto tři podmínky.

Víra je nutná, abychom věřili v to, že Cílem stvoření je těšit stvoření, a také tomu, že každý z nás je schopen tohoto Cíle dosáhnout.

Pojem „víra" se tedy dělí na dvě části: víra v to, že existuje konečný cíl, a víra v to, že tohoto cíle mohu dosáhnout. Nyní není v mých rukou ani konečný cíl, ani prostředky pro jeho dosažení, ale já v to věřím. Co znamená „věřím"? Očividně k tomu mám jakési předpoklady: neříkáme neodůvodněně: „Ano, věřím."

Víra je definována jasným spojením mezi mnou a prostředky dosažení konečného cíle – spojením v podobě zřetelně pociťované síly. Takže to, co mám ve svých rukou, je síla, a nikoliv víra podle pojetí náboženství našeho světa. V duchovním světě se vírou nazývá vlastnost *Biny*, která vše napravuje, vše v sobě uchovává, vše vytváří. To je ve skutečnosti vlastnost víry.

Víra je nutná proto, abychom věřili tomu, že je Cílem stvoření potěšit stvoření, i tomu, že je každý z nás schopen tohoto Cíle dosáhnout. To znamená, že Cíle stvoření mohou dosáhnout nejen mimořádně obdaření lidé, ale všechna stvoření bez výjimky. A jsou povinni jej dosáhnout, i když k tomu nemají vůbec žádné zvláštní vlastnosti nebo nadání.

Přitom je řečeno, že samotnou metodiku kabaly si člověk osvojuje pouze v míře své bázně před Stvořitelem. To znamená, že je pro nás nezbytná také bázeň (podmínka *Jir'a*).

Pokud má člověk bázeň, pak do jeho srdce vstoupí vše nezbytné. Takže je bázeň, jednoduše řečeno strach, nezbytnou podmínkou k tomu, aby se srdce člověka otevřelo k vnímání duchovních pojmů, které mu pomohou postoupit vpřed. Beze strachu to nenastane.

Ukazuje se, že víra člověku poskytne garanci, že může dosáhnout cíle, aby neztrácel naději na základě prvních neúspěchů. Potřebuje ji k tomu, aby neodbočil uprostřed cesty. Člověk musí věřit, že Stvořitel pomáhá dosáhnout splynutí se Sebou všem, dokonce i takovým bezvýznamným lidem, jako je on sám.

Ale být hoden víry, získat spojení s cílem, spojení s prostředkem dosažení cíle, jistotu, že Stvořitel pomůže a že jsem schopen získat vnitřní duchovní pocity, mohu pouze tehdy, pokud předem budu mít strach.

Aby byl člověk hoden víry, nejprve potřebuje strach. Jak je řečeno v Knize *Zohar*: „Protože strach je náprava, která v sobě zahrnuje všechny nápravy, jež kabala požaduje vykonat, a je bránou víry ve Stvořitele. V souladu s probuzením bázně před Stvořitelem se zvyšuje víra v Jeho řízení." Co je to bázeň před Stvořitelem? Člověk se musí bát toho, že nedokáže poskytnout radost Stvořiteli (tj. že se Mu nedokáže stát podobným), a nikoliv toho, **že sám něco nedostane** (řekněme, blaženost v tomto světě nebo ve světě budoucím).

Je zapotřebí, abych vykonal takovou nápravu, která by mne úplně oddělila od výsledku mých činností. Jednám a předem vím, že:
1. výsledek naprosto nenáleží mně;
2. výsledek přijímá někdo, koho nepostihuji, nepociťuji, kdo se mnou nemá žádné spojení.

Pokud jsem schopen vystoupit ze svého ega natolik, že se mohu plně odevzdávat vně sebe, mohu **dodržovat určitá Přikázání (tj. vykonávat altruistické skutky) s myšlenkou, že to nedělám pro vlastní prospěch.**

Nejsme však schopni to učinit. Jak to od nás mohou kabalisté vyžadovat? Jim se to však nějakým způsobem podařilo. Věříme jim, že je takový stav možný. Když člověk nejedná pro sebe, nýbrž pro ty vně něho, pak se vlévá do vesmíru. My takové možnosti nemáme. Jak mohou vzniknout?

Existuje pouze jedno východisko – shromáždění několika lidí, kteří mají maličkou možnost se vymanit z nadvlády egoismu, do jedné společné skupiny. Takto o tom píše také Rabaš: „Existuje pouze jedno východisko, jediná možnost."
Každý člen skupiny je povinen se anulovat vůči druhým. Každý člen této skupiny má v potenciálu lásku ke Stvořiteli. Když se v takové skupině sjednotí a překonají svůj egoismus ve vztahu k přátelům, vytvoří novou bytost. A pokud je ve skupině například deset členů, pak bude mít tato bytost sílu deset krát větší, než jakou má každý zvlášť.

Rabaš říká, že uvnitř egoistického světa není jiné východisko kromě toho, že každý z nás anuluje sám sebe vůči druhému členu skupiny. Nikoliv vůči celému lidstvu, ale vůči druhému členovi skupiny, který má také uvnitř sebe určitý předpoklad dosáhnout lásky ke Stvořiteli. Na základě tohoto rysu jsme se také shromáždili v této skupině.

To znamená, že zde, uvnitř našeho světa, je skupina, ve které musíme takto jednat.

Pokud každý z nás ve skupině pracuje tak, aby se oddělil od egoismu a zaměřil se na druhé (tato práce probíhá uvnitř člověka), pak ve skupině, řekněme deseti lidí, vzniká desetinásobná síla záměru ze sebe – ven.

A tehdy tato síla pomůže každému z nás. Kdo měl přání pouze jako jednotlivec, v míře jedné lidské síly, bude (každý z nás) mít přání jako deset lidských sil.

Ale je zde podmínka: když se tito lidé shromáždili do skupiny, každý z nich musí přemýšlet o tom, jak překonat svůj egoismus, a nikoliv o tom, jak nasytit svoje přání přijímat. Pouze touto cestou může získat novou kvalitu – přání odevzdávat.

Podmínka pro skupinu je tudíž velmi jednoduchá: každý ze svého ega – ven. Pokud jsou ve skupině takoví účastníci, mají naději na dosažení vzestupu do Vyššího světa.

Poté mohou přejít od lásky k přátelům k lásce ke Stvořiteli, tj. člověk si bude přát poskytnout potěšení Stvořiteli. Ukazuje se, že je přání odevzdávat velmi důležité a nezbytné a získat ho je možné pouze s pomocí přátel. Tehdy je možné říci, že se člověk

bojí Stvořitele, bojí se, že Mu nebude schopen poskytnout radost.

To znamená, že již přechází od víry k bázni, nabývá tuto bázeň, tento strach. Stach z čeho? Strach z toho, bude-li schopen odevzdávat Stvořiteli, být Mu podobný. Zda dokáže být takový, jako skutečný okolní vesmír, opravdový svět? Vždyť ani tento okolní svět, který je vně nás, není takový, jak ho pociťujeme v našich egoistických přáních, jak ho chápeme: ve skutečnosti je altruistický. Dokážu do něho vstoupit?

Tento strach se objevuje pouze poté, co člověk dosáhl lásky k přátelům. Jinak nemůže vzniknout, protože ještě nemáme takové pochybnosti: „Zda dokáži vstoupit do tohoto vnějšího světa, zda dokáži dosáhnout vlastnosti odevzdávání?"

Strach se objevuje poté, co jsme uvnitř skupiny vytvořili tuto podmínku a v každém z nás se projevila desetinásobná síla, tj. každý z nás může vystoupit za hranice této skupiny: všichni společně nyní představujeme jeden organismus, který si přeje se zaměřit ven. Pouze tehdy se v nás objevuje tento strach: „Dokážeme-li toho dosáhnout?"

Před dosažením stavu lásky ke skupině (tj. částečného vystoupení ze sebe vzhledem ke skupině), nemohu dokonce ani pomyslet na to, že bych vystoupil za hranice skupiny do vnějšího světa, který mne obklopuje. Svět, který mne v daném případě obklopuje, je duchovní svět.

Takže základním kamenem, na kterém je možné vystavět budovu Svatosti, je pravidlo „Miluj bližního", pomocí kterého je možné získat přání poskytovat radost Stvořiteli. Poté vzniká pojem „bázeň", tj. člověk se bojí, že nedokáže poskytovat radost Stvořiteli. Tehdy, když už má člověk bránu, která se nazývá strach před Stvořitelem, může být hoden obdržet víru (tato víra je již vlastností *Biny*). A víra je *Kli*, do kterého může vstoupit *Šchina* (do vlastnosti *Biny* se již odívá světlo *Chochma*).

Ukazuje se, že existují tři pravidla (jakoby tři stupně).
1. První z nich je pravidlo rabiho Akivy, tj. „Miluj bližního jako sebe samého" (práce ve skupině). A to je základ základů, a pokud se nesplní, žádná síla nemůže člověka zdvihnout z pozice, ve které se nachází, protože pouze splněním tohoto zákona může přejít od lásky k sobě k lásce k bližnímu, tj. od egoismu k altruismu, pocítit, že mu sebeláska škodí jako největší zlo na světě.

V míře, ve které si člověk přeje se anulovat před přáteli, začne pociťovat, že je používání egoismu identické s pokládáním ruky do ohně. Začíná pociťovat přijímání jako špatné. Objeví se před ním jasný obraz toho, že je obecným zákonem vesmíru odevzdání. Vzhledem k tomuto zákonu se nacházíme v inverzním stavu a to je naše neštěstí, naše zlo. Pokud bychom tento obraz odhalili, bezprostředně, okamžitě bychom spatřili, jak velkou nám přijímání způsobuje újmu.

Ale pokud bychom viděli tento obraz jasně, egoisticky bychom si přáli se zbavit přijímání. Tímto způsobem bychom se převrátili do *Klipy*, tj. chtěli bychom se zbavit zla kvůli sobě. Zlu bychom neutekli, ale stali bychom se duchovním zlem o úroveň výše.

Zlo je skryto kvůli tomu, aby ve skutečnosti člověku pomohlo se ho zbavit. My musíme pracovat pouze s vírou uvnitř skupiny.

Proto Rabaš říká: „**První pravidlo rabiho Akivy ,Miluj bližního svého jako sebe samého' je základem základů. To znamená, že pokud se neplní, žádná síla nemůže člověka pozvednout z egoismu.**"

Poté, co je dosažena láska ve skupině, začínáš chápat, že když odevzdáváš skupině a nic nepřijímáš sám pro sebe, je to způsob tvé duchovní spásy.

2. **Potom přecházíme k druhému pravidlu – bázni před Stvořitelem.** Nyní již z našeho stavu lásky k přátelům opravdu můžeme dospět k lásce ke Stvořiteli, tj. k vnějšímu světu. Zevnitř skupiny – k vnějšímu světu.

3. **Poté již přecházíme k třetímu pravidlu.** Když vycházíme do vnějšího světa, tj. oddělíme se od skupiny, vytvoříme nové *Kli*, které se nazývá „víra" – vlastnost odevzdání vzhledem ke Stvořiteli. Je to clona, záměr, kam již vchází pociťování Stvořitele, fenomén Stvořitele. Nebo, jak řekl Rabaš: „Vchází sem *Šchina*," tj. projevení Stvořitele v člověku.

Stvořitel se odívá do člověka, protože již mezi člověkem a Stvořitelem není žádný rozdíl. Člověk se stává integrální částí Stvořitele, rozplývá se v celém vesmíru. Člověk nezmizí, rozpouští se svými vlastnostmi, takže se stává věčným a dokonalým.

A vše se to stane zásluhou navazujících činností, které se vytvářejí nad naším *Kli*.

První činnost – láska ve skupině, když člověk anuluje svůj dílčí egoismus vůči Stvořiteli.

Druhá činnost – když každý člen skupiny a skupina vcelku vycházejí za své hranice do obecného vesmíru, do okolní přírody, tudíž začínají chápat, že skupina je jakoby zárodkem (*Ubar*) v okolním prostředí, ve Stvořiteli.

A ve třetí – po bázni, v míře získání víry ve Stvořitele (víra je vlastnost *Biny*) již vzniká *Kli* pro obdržení odhalení Stvořitele, světla *Chochma*.

Tyto tři etapy musíme projít ve svém nitru. Nejtěžší z nich je první etapa. Je třeba se prostě přemoci, sehnout hlavu a přijmout to na sebe. Je řečeno: „Jako vůl nastavuje svoji hlavu pod chomout" – stejně tak bychom měli i my nastavit svoji hlavu pod nutnost správného vztahu k přátelům, protože je to pro nás jediná možnost, jak se stát podobnými Stvořiteli, vystoupit do vnějšího vesmíru.

Stvořitel mi speciálně „podstrčil" takové lidi, i když se mi zdají ničemnými, nesprávnými, špatnými. Je možné, že bych si vybral jiné lidi, ale to není důležité. On nejlépe ví, jakým způsobem, v jaké třídě, ohledně koho se musí každý z nás napravit, vystoupit ze svého ega.

To znamená, že musím na skupinu pohlížet jako na laboratoř, na výcvikový prostor, jako na učební zónu, kde uskutečním svoji zkušenost vystoupení ze sebe do ohromného vnějšího duchovního prostoru.

Otázka: *Může být počáteční podmínka práce ve skupině konečným cílem? Jak to může být přípravná podmínka pro práci?*

Láska ke skupině, k bližnímu, je přípravný stupeň. A ty říkáš: „A co je zde přípravného? Na tom musí vše skončit." Ne, tímto vůbec nic neskončí.

Za prvé, protože naše společné *Kli*, které se nazývá *Adam*, musí být v naprosté rovnováze se Stvořitelem. To znamená, že musíme od Stvořitele přijímat kvůli odevzdávání. V jakém stavu? Když jsme všichni jedním celkem. K tomu potřebuje dospět veškeré lidstvo. Budeme k tomu přivedeni v každém případě.

Přejeme si to učinit nyní. Je nějaká malá skupina, řekněme, že se nazývá *Bnei Baruch*, a sama si přeje k tomuto stavu dospět. Prosím, ať k tomu dospěje sama.

Kvůli tomu však musí uvnitř skupiny splnit svoji práci, co se týče lásky k přátelům. Poté ze sebe vystoupit ven – to je druhá činnost, nazvaná „bázeň". A již zvenku vytvořit třetí činnost – „víru". A musí dospět ke stejnému stavu, ale již vůči Stvořiteli. A zároveň s tím bude samozřejmě hrát svoji roli ve vztazích k ostatním lidem.

Ale to jsou tři přírodní etapy. Jakmile uvnitř skupiny dosahuji lásky k přátelům, pak sám sebe prakticky vyměňuji za ostatní. To mi pomáhá se vymanit ze svého dílčího egoismu, získat sílu nutnou k tomu, abych z něho vystoupil. Není závazné mít deset přátel, může jich být sto a mohou být dva, nezáleží na tom. Pokud vystoupím ze svého ega, stačí to k tomu, abych mohl začít pracovat. Avšak zpočátku musím vystoupit ze svého „já" a teprve potom mohu pracovat pro Stvořitele.

Ba'al HaSulam o tom hovoří v článku Doslov ke Knize *Zohar*. Říká, že pro Stvořitele je možné pracovat pouze tehdy, když jsou tvoje přání trvalá, když jsou tvoje rozhodnutí stálá. Všechny se již nacházejí vně tebe, nejsou zaměřeny dovnitř tebe. Proto si musíš zpočátku zabezpečit stupeň nápravy, který tkví ve vystoupení ze svého ega kvůli druhému. Druhé vystoupení je již kvůli Stvořiteli, tj. za hranice *Adama*, za limity egoismu.

Proč se zdá, jako bys vystoupil z celku? Vystup ze svého egoismu, to je vše. Proč musíš vystoupit z tohoto kruhu? Protože jsi spojen se všemi ostatními. Když odpracuješ své pouze vůči jednomu svému příteli, v podstatě odpracuješ své vůči celému lidstvu.

O důležitosti přátel

23. 12. 2004

Všechny tyto Rabašovy články jsou věnovány činnostem ve skupině: šíření ve skupině, vztahům ve skupině, lásce ve skupině a tak dále. Obsah naší práce je v podstatě velmi prostý.

Nejprve je nutné určit, co je cílem. Musí být přesně definován: cíl je odevzdávání, jednoduše a otevřeně, bez veškerých okázalostí. Duchovní, Stvořitel, sblížení atd. – všechna tato slova skrývají pravdivost toho, co se před námi nachází. Jsou vhodná pro začátečníky, aby se neodradili. Ale cíl dosáhnout odevzdání je protikladný k tomu, co máme dnes.

A protože se odevzdávání realizuje pouze ve skupině, je samozřejmě potřebná skupina, kde každý chápe, že je to nutné a že celá úloha vesmíru spočívá v dosažení vlastnosti odevzdání. Skupina jde jakoby do útoku: je před ní postaven cíl a skupina tohoto stavu musí dosáhnout.

Je nutné naladit takové vztahy, aby to mezi členy skupiny mohlo být zrealizováno, a poté skupina dosahuje stavu „vzájemné lásky". Proč je nevyhnutelná vzájemná láska? Protože nás přivede k cíli – k lásce ke Stvořiteli.

Mezi těmito stavy, rozhodnutími a ustanoveními je velmi mnoho nejrozmanitějších stavů, dokud si každý člen skupiny a celá skupina není jista tím, že je to nevyhnutelná podmínka a že nic jiného není, není kam se podít. Až do přesvědčení, že dokonce i kdyby bylo něco jiného, stejně „já sám chci právě toto". To znamená, že postupně musí přicházet pochopení toho, že právě to je dokonalost.

Můžeme toho o vědě kabale říci velmi mnoho. Když studujeme kabalistické knihy, můžeme si z nich vyjasnit, co je to studium:
1. pro postihující je kniha instruktor v duchovním světě;
2. pro ty, kdož se nacházejí v našem světě, je studium prostředek pro vyvolání napravujícího Světla.

To je pro nás. Nejsme postihující: zatím si pouze přejeme, abychom se jimi stali v budoucnosti.

To znamená, že kdo se učí proto, aby pochopil, co je tam napsáno, nepochopí nic; jednoduše se zabývá hloupostmi. Musí se učit pouze proto, aby na sebe vyvolal napravující Světlo, aby ho toto Světlo napravilo a dovedlo k odevzdání.

Kabala je praktická věda. Nyní ze studia a z naší práce ve skupině postupně přitahujeme stavy nápravy (1, 2, 3) a pak přistupujeme k jejich praktické realizaci. Tehdy se již učíme kabalu jako postihující.

Mezi námi mohou být dva tipy lidí: jedni si přejí Světlo nápravy a ještě se zabývají řešením svých problémů (1, 2, 3). Ale jsou mezi námi i tací, kteří již tuto cestu prošli a v míře své nápravy se nacházejí v pociťování Vyššího světa. Studují ze stejných knih jako my, ale ve svém nitru již reálně pociťují stupně odhalení, skutky napravují svoje přání na odevzdání, a tímto způsobem se stávají podobnými Stvořiteli.

V každém případě však jakékoliv přiblížení k duchovnímu, sblížení se Stvořitelem přichází prostřednictvím skupiny. Více než to: veškerá realizace naší práce probíhá ve skupině.

Učíme se dva stavy ukrytí: dvojnásobné a jednoduché ukrytí, poté jednoduché odhalení a odhalení dvojnásobné. Mezi nimi je *Machsom*. Jednoduché odhalení se nazývá „odměna a trest", dvojnásobné odhalení „láska". Všechny čtyři stavy, kterými musíme projít, se realizují uvnitř skupiny včetně absolutně posledního stádia – dosažení absolutní a úplné lásky.

Vždy pracuji ve spojení s druhými dušemi a v tomto spojení realizuji všechny svoje nápravy – nikoliv se Stvořitelem, ale s nimi:

1. pokud se nacházím v dvojnásobném či jednoduchém ukrytí Stvořitele, realizuji se ve vztahu k přátelům, jejich prostřednictvím vnímám ukrytí Stvořitele, dvojnásobné nebo jednoduché;
2. poté odměna a trest: pokud odevzdávám ostatním, dostávám odměnu, a pokud ne, trest;
3. následující stav je láska; ta se dělí na moji vlastní lásku ke Stvořiteli, lásku ze strachu (takzvaná závislá láska) a obecnou – dokonalou lásku (takzvaná nezávislá láska). Ta se také realizuje vůči všem ostatním stejně jako úplně poslední, nejvyšší láska – celých 100 % mé nápravy. Kdy se to stane? Když k sobě připojím všechny ostatní duše, stanou se mými *Kelim* a já se již ke Stvořiteli obracím z tohoto společného *Kli*.

To znamená, že naše náprava probíhá ve spolupůsobení s okolními lidmi – s těmi, kteří stejně jako já směřují ke Stvořiteli. Z nich vytváříme skupinu, uvnitř ní realizujeme celou naši cestu. Proto musí být ve skupině i začátečníci (stejní jako my) a spolu s nimi je třeba se stát stejnými jako rabi Šimon se svými žáky – skupinou, která se nacházela na úrovni absolutní Svatosti (Svatostí se nazývá vlastnost *Biny*).

Pokrok vůbec není možný, pokud jsi sám, protože konstrukce musí být úplná. *Adam* je společná duše; pouze z ní nás Stvořitel vnímá, tudíž v té míře, ve které jsem spojen s ostatními dušemi, jsem připraven jim odevzdávat, sjednotit se s nimi.

Nyní nehovořím o celém světě: pro mne skupina zatím reprezentuje všechny ostatní duše. Na toto téma existuje mimořádný článek – jak se chovat vůči skupině a vůči ostatním lidem. Vůči všem ostatním lidem – prostě laskavě. Ve skupině vykonávám všechny činnosti, které si přeji odpracovat vůči Stvořiteli.

Stvořitel nás vnímá pouze skrze náš vztah ke skupině, protože vnímá *Adama*, který je v nás.

Vzniká otázka: „Jak ocenit důležitost přátel, kteří jsou členy skupiny, tedy jak se chovat ke svým přátelům?"

Člověk například vidí, že se jeho přítel nachází na nižším stupni, a on chce svého přítele poučovat, aby si vedl lépe, tudíž aby vypadal lépe, než jaký je. Ukazuje se, že tento člověk již nemůže být jeho přítelem, protože jej vnímá jako žáka, a nikoliv jako přítele. Pokud člověk vidí, že je jeho přítel na vyšším stupni a že se od přítele má čemu naučit, převzít od něho dobré kvality, pak je ho připraven přijmout jako *Rava*, a nikoliv jako svého přítele.

Vztahy tudíž již nejsou přátelské ani v prvním, ani v druhém případě.

A pouze když člověk vidí, že se s ním jeho přítel nachází na stejné úrovni, mohou se skutečně stát přáteli a navzájem „splynout". Když říkáme „přítel", míníme tím, že jsou si oba rovnocenní. Pokud mají shodné názory, ideje, mohou se rozhodnout spojit a tehdy mohou spolu směřovat ke společnému cíli.

Připusťme, že jsou dva přátelé, kteří mají shodné ideje. To znamená, že chápou, v čem tkví jejich život, dospěli k tomu, že mají stejný cíl, vzájemně si odhalili svoje plány, svůj světový názor, svůj postoj k životu a spatřili, že jsou si v tom navzájem podobní. V takovém případě se z nich již může vytvořit skupina.

Jak to probíhá v našem světě: **jsou dva přátelé, kteří mají shodné ideje a realizují spolu nějakou společnou ziskovou činnost.** My také realizujeme ziskovou činnost – chceme dosáhnout Cíle stvoření, je to pro nás výhodné, je to pro nás zisk, je to naším cílem.

Pokud cítí, že jsou jejich síly rovnocenné, dělí si zisk rovným dílem. Ale pokud jeden z nich cítí, že je lepší než druhý, že přináší větší prospěch, chce v souvislosti s tím dostat větší část zisku.

V žádném případě nechce příteli něco sebrat, ukrást. Prostě chce spravedlivě dostat svoji část podle míry vkladu. Může to být také naopak, pokud vynakládá méně, souhlasí s tím, že dostane méně.

Ale všechno je naprosto jinak. Pokud hovoříme o lásce mezi přáteli, kteří se sjednocují kvůli tomu, aby mezi nimi byla úplná jednota, znamená to, že si musí být všichni absolutně rovni.

Nemůže docházet k žádným propočtům, že je někdo sám o sobě větší nebo někdo menší, nebo více nebo méně vkládá, či by měl dostat více nebo méně. **Pokud nějaké dílo realizují společně, a nedělí si výsledek rovnocenně, pak se to nenazývá jednota.**

Zde můžeme určit, jestli si opravdu přejeme jednotnou skupinu z hlediska vkladu, potřebnosti, vzájemného ocenění i vztahů mezi námi.

Všechno, absolutně všechno musí být rovnocenné tak, aby nebylo možné rozlišovat ani odevzdávání, ani přijímání mezi přáteli, aby jim to v jejich očích nepřipadalo rozdílné. Jeden se zabývá tím, druhý tím, jeden může pracovat několik hodin, druhý několik minut nebo dní, nezáleží na tom, kdo v něčem vkládá více a kdo vkládá méně.

Pokud má skupina pocit, že jeden dává více a druhý méně, nebo že jeden dostává více a druhý méně, pak v této skupině není jednota, ale nepoměr a porušení jednoty.

Skupina může být velmi silná, její členové si mohou vzájemně pomáhat a dosahovat ohromných, jakoby sjednocených činností, ale pokud mezi nimi není rovnost, tato skupina není jednotná, což znamená, že se nemůže mít vztah ke Stvořiteli. V takové skupině je vnitřní nerovnováha, která ji vůbec nemůže dovést do bodu kontaktu se Stvořitelem.

Pokud se jedná o lásku přátel, je samozřejmé, že vše, co získají společně, budou dělit rovným dílem a pak v nich vznikne láska a soulad. To znamená, že nikdo nikdy nemůže kalkulovat, kdo více či méně pracuje a kdo více či méně dostává.

Každý člen skupiny musí sám sebe považovat za nejnepatrnějšího ze všech; pak může s větší vnímavostí naslouchat názorům ostatních. Pokud se člověk pokládá za vyššího, než jsou druzí, nemůže od nich nic převzít, protože si v hloubi duše myslí, že stejně vše zná lépe než druzí. Mimo to se musí člen skupiny ke svému příteli chovat tak, jakoby to byl nejvýznamnější člověk v celé generaci.

A tehdy bude mít skupina na člověka blahodárný vliv a on bude postupovat k cíli. Proč? Protože bude od všech přijímat pociťování velikosti cíle a to na něho bude maximálně působit, neboť bude považovat všechno, co od nich uslyší, za neochvějnou, nezničitelnou, absolutní pravdu, vedle níž prostě neexistuje žádná jiná.

Pokud se na takový vliv skupiny nastaví, projeví se v něm ohromné síly, ohromná jistota, absolutní štěstí z toho, že je mezi nimi, a tehdy pro něho není vůbec těžké vykonávat jakékoliv skutky odevzdání. Vše závisí pouze na tom, nakolik může anulovat svůj rozum a přijmout usnesení skupiny o velikosti cíle, o tom, co je třeba v tomto světě činit.

Ale jak mohu svého přítele pokládat za lepšího, než jsem já, když jasně vidím, že já jsem naopak talentovanější než on a mám lepší kvality, než má on. Tyto myšlenky mohu překonat dvěma způsoby.

První: pokud jsem si již vybral přítele, pak na něho vždy pohlížím z pozice „víry výše rozumu".

Jestliže již existuje skupina a Stvořitel mne do této skupiny přivedl, musím se ke všem chovat jako k poslancům Stvořitele – On je přede mne postavil, abych s nimi pracoval, takže je musím přijímat jako ty nejlepší ze všech.

Musím na ně pohlížet z pozice „víry výše rozumu". Nakolik by se mi v mých pocitech, v mojí analýze, v mém chápání zdáli vadní (v čemkoliv), musím je přijímat jako absolutně napravené lidi – výhradně takto.

To znamená, že vidím jedno, ale věřím, že je můj přítel opravdu daleko lepší, než se mi zdá.

Druhý způsob je přirozenější: pokud jsem si vybral přítele, snažím se v něm vidět pouze dobré rysy a nevšímám si toho, co je v něm špatného.

V čem je problém? Vybral jsem si ho, nebo nevybral? S námi to většinou probíhá tak, že si zpravidla nevybíráme, takže musíme přijímat všechny, kdož s námi postupují směrem ke stejnému cíli, jako absolutně spravedlivé, prostě jako nejlepší ze všech lidí, kteří se mohou na této zemi vyskytnout.

V Knize přísloví je řečeno: „Všechny hříchy přikryje láska." Vždyť, jak je známo, bez zdráhání vidíme nedostatky dětí souseda a nevšímáme si těchto nedostatků u vlastních dětí, jelikož nedostatky našich dětí ukrývá láska k nim.

I když dokonce nedostatky vidíme, jako bychom je vyškrtli, smazali, neboť je přikrývá láska. Pokud budu na své děti pohlížet ze strany, očima psychologa uvidím všechno, ale jakmile se přepnu a hledím na ně jako otec, nevidím vůbec nic špatného, vše je jenom dobré. Taková je naše přirozenost – člověk v sobě, ve svých dětech a blízkých nedostatky nevidí (pokud jsou mu opravdu blízcí a jsou s ním spřízněni).

A naopak, v sousedech a v cizích lidech nedostatky vidí, protože mu to poskytuje potěšení: pozvedává se ve svých očích a dochází k jeho egoistickému naplnění.

Zkuste říci člověku něco špatného o jeho dětech – a on se okamžitě začne ohrazovat a hovořit o jejich kladných rysech.

Vzniká otázka: „Proč je to tak?" Od svého otce Ba'ala HaSulama jsem slyšel, že ve skutečnosti jsou v každém člověku dobré a špatné rysy, proto hovoří pravdu soused o dětech druhého i otec o svých dětech. Avšak soused k cizím dětem necítí lásku jako otec, který má oči přikryté láskou a chce vidět pouze dobré rysy svých dětí.

Otec sice také vidí pravdu, ačkoli ne celou, prostě špatné vlastnosti svých dětí nevnímá; může sice souhlasit s tím, že je mají, ale stejně je nepokládá za špatné, protože je miluje i s jejich špatnými vlastnostmi, neboť má z dětí potěšení – z toho, že to jsou jeho děti.

Takže láska k přátelům také vyžaduje, abychom viděli pouze dobré vlastnosti přítele a jeho nedostatků si nevšímali jako u vlastního dítěte. Každý z nás má samozřejmě spoustu negativních vlastností. Máme zakázáno v sobě navzájem tyto špatné kvality vidět. Pokud je vidíme, znamená to, že se navzájem nemáme rádi. **Proto, pokud vidíš nějaký nedostatek v příteli, ve skutečnosti to znamená, že tento nedostatek nemá přítel, ale ty a nedostatek spočívá v tvojí lásce k němu, a proto vidíš jeho špatné vlastnosti.**

Špatné vlastnosti má každý. Mají v *Gmar Tikun* lidé také špatné vlastnosti, nebo ne? Kdo řekl, že ne? Mají, ale všechny jsou přikryty absolutní láskou. Cizí člověk se nestane lepší – vždy v něm můžeš vidět špatného, kolik chceš, pokud sám sestoupíš z úrovně lásky. Jestliže se pozvedáváš na úroveň lásky, budeš v něm vidět jenom to dobré.

To znamená, že všechno závisí na přijímajícím, nikoli na objektu, ke kterému musíš mít láskyplný postoj.

Totéž platí vzhledem ke Stvořiteli. Je možné o Něm říci, že On je Absolutno, Dokonalost a všechno ostatní, ale kolik k tomuto Absolutnu a Dokonalosti máme výhrad, jak moc Ho nemáme rádi, jemně řečeno? A proč Ho milovat, když od Něho pochází všechno špatné? V té míře, v jaké jsem nespokojen se svým životem, Mu spílám, nenávidím Ho.

Samozřejmě není důležité, zda je Stvořitel absolutní nebo ne: důležité je pouze moje hodnocení. To se vztahuje na přátele, na Něho, na všechno. Proto bychom neměli očekávat, že se někdo napraví nebo se s ním něco stane, cokoli vně sebe nelze hodnotit jako nedokonalé. Pokud vidíme nedokonalost, vypovídá to pouze o tom, že jsou nenapraveny naše *Kelim*, náš postoj ke světu, ke Stvořiteli.

A my tyto vztahy nejprve zpracováváme ve skupině, ve vzájemném sbližování se každého z nás se svými přáteli.

Otázka: Co tedy znamená „rovnocenné"? Řekněme, že můj přítel něco nezvládá nebo porušuje nějaké pravidlo ve skupině, takže to znamená, že ho nemám rád?

Dobrá otázka. Pokud hovoříme pouze o tom, že je nezbytné se navzájem milovat, musím zavírat oči před podobnými problémy se svými přáteli a říkat si, že je to pouze moje neláska k nim, nebo existují takové nedostatky, které bych měl vidět?

Druhá otázka: co znamená: „musím vidět a nesmím vidět?" Vidím, nebo nevidím?

Je nutné správně položit otázku: je skupina, ve skupině jsou přátelé, kteří směřují k cíli. Cílem je odevzdání. Skupina jsou lidé, kteří se společně shromáždili, aby dosáhli tohoto cíle, dosáhli odevzdání, přijali za své motto dospět k vzájemné lásce, která vede k lásce ke Stvořiteli.

Pokud moji přátelé tyto podmínky splňují, pak zavírám oči před vším kromě tohoto. Mohu zavřít oči před tím, že někdo poklesl, pozvedl se, že má nejrozmanitější problémy v rozvoji v rámci těch podmínek, na kterých jsme se s ním domluvili a na jejichž základě je postavena skupina. Jsme pospolu, společně procházíme změnami stavů, ale pokud jsou všichni zaměřeni na náš společný cíl, miluji a nevšímám si žádných nedostatků, neboť se jedná pouze o odkrytí těch našich nenapravených vlastností, které otevřou ještě větší lásku, když se napraví.

Jestliže vidím, že můj přítel poklesl ze slabosti, je každopádně na cestě, co se cíle týče, prospívá, a najednou se vysílí, pak mu musím dodat odvahy, musím ho vzít na svá bedra (chce kráčet k cíli, pouze prostě nemá sílu). Ale pokud se úplně odkloní od našeho cíle někam na stranu a jeho cílem již není odevzdávání, skupina, vzájemná láska, Stvořitel, pak na něho nemusím pohlížet způsobem, který vše odpouští. Naopak se ho musím co nejrychleji zbavit. Zbavit se ho co nejrychleji – je to možné!

A v souladu s těmito principy se musíme vnímavě dívat, kdo se nachází v naší skupině.

Otázka: Jak mohu spatřit, že přítel „provrtává dírku v loďce", pokud se nedívám na jeho negativní vlastnosti a vidím pouze pozitivní?

Není možné, abychom neviděli negativní vlastnosti přítele, nemůžeme je nevidět. Vidíme je, ale přikrýváme je láskou.

Nemohu nevidět, že moje dítě nejedná správně. Ale motivuji ho a ospravedlňuji. Ale pokud činí nějaké přestupky nebo provinění, již ho nebudu omlouvat, pak již přijmu nějaké zvláštní opatření.

K dítěti přitom cítíme lásku, ale stejně přistoupíme ke krajnímu opatření. Jak může vzniknout láska k člověku, který se s námi nachází na stejné cestě? Láska vzniká v důsledku toho, že jsme si vybrali jeden cíl a kvůli jeho dosažení se musíme navzájem milovat. Nemiluji někoho, protože si to přeji. Musím dospět k lásce, protože je to nezbytné pro dosažení cíle.

Přirozená láska tudíž nemůže existovat. Moje láska je důsledek toho, že spolu kráčíme k jednomu cíli. Ale když druhý společně se mnou již k tomuto cíli nesměřuje, okamžitě mezi námi vzniká cit protikladný lásce – nenávist.

Otázka: Jaké vztahy mám mít s těmi, kdož jsou vně skupiny?

Musíme se chovat láskyplně, s ospravedlňujícím přístupem ke všemu pouze ve vztahu ke členům skupiny, protože jenom oni pro mne tvoří tu společnost, tu duši *Adama HaRišona*, se kterou dosahuji cíle – odevzdávání Stvořiteli a splynutí se Stvořitelem. Žádní jiní lidé vyjma skupiny společně se mnou k tomuto cíli nesměřují, nepřibližují se k němu, proto vztah k nim není možné nazvat láskou.

Láska je důsledek společného porozumění cíli, přáním, plánům – všemu, co se v mém životě vyskytuje. Láska je důsledek podobnosti vlastností, podobnosti cílů. Taková podobnost nemůže nastat s jinými lidmi vně skupiny na základě ustanovení, že nesměřují ke stejnému cíli. Proto k nim nemohu mít láskyplný, promíjející a ospravedlňující vztah.

Otázka: Když hovoříme o lásce, míníme tím jakýsi vnitřní vztah k příteli? Pokud něco napáchal, měl by za to nést odpovědnost. Vždyť i rodiče trestají.

Láska nemůže být jedinou, pouze pravou linií, musí být vybudována na strachu, na bázni, na vzájemné odpovědnosti a skupina musí tento směr přísně dodržovat.

V komentáři ke Knize *Zohar* Ba'al HaSulam vysvětluje, že před tím, než je dosažena láska, se dosahuje strachu. Strach z toho, že když nedosáhnu správné lásky, nedospějeme k cíli. Pouze na takovém strachu je možno založit správnou lásku.

Otázka: Ve skupině jsou zákony, a pokud je někdo porušuje, mohu přítele potrestat?

Určitě. Avšak nikoli trestat – tady nejde o potrestání, ale o napravení situace, do které jsme se dostali. Vždyť pokud někdo škodí, je možné, že neškodí on. Také to závisí na tom, jestli jsme na něho nepůsobili nesprávně a jestli jsme mu poskytli dostatečný příklad. Takže se zde nejedná o posouzení: kdo je špatný a kdo dobrý.

Je to jako v těle – když bolí nějaký orgán, léčí ho a nechovají se k němu jako k něčemu, co neexistuje. Naopak, jestliže víš, že bez něho nic nezmůžeš, je nutné ho buď léčit, nebo odstranit. A takto se musíme chovat ke každému, tudíž se snažit o nápravu, je-li to možné, a nikoliv o potrestání.

A pokud přítel prostě ztratil cíl, je třeba ho hned oddálit od skupiny. Je pokládán za cizího jako cizorodé tělo, které vyvolává infekci organismu, jež vede až ke smrti. Takového člověka je zapotřebí vyvést ze skupiny. Má se na mysli skupina, která se opravdu posouvá k cíli. Všichni se o to musí starat a přemýšlet o tom.

Otázka: Říkal jste, že rabi Šimon také potřeboval skupinu. Takový člověk, na takové úrovni, jenž pracoval s dušemi celého Adama HaRišona a zároveň potřeboval skupinu! Jak to vysvětlit?

Nemůžeš pochopit, co dělal rabi Šimon ve své skupině na té úrovni, na které se nacházela celá tato skupina. Ale vidíme, že dokonce i rabi Šimon mohl napsat Knihu *Zohar* pouze díky svým žákům, se kterými byl ve spojení, skrze ně. Nevypovídá to o tom, že byl bez nich malým člověkem a spolu s nimi velkým; vypovídá to prostě o tom, že dokonce ani veliký kabalista nemůže vždy vyjádřit to, co chce, když je sám. Je povinen to vyjádřit skrze druhé, potřebuje k tomu *Kli*, cizí vlastnosti.

Mimo to byla tato skupina skutečně seriózní, pokud je možné říci „byla", neboť takový duchovní stav existuje i nyní. V souvislosti s tím, co definujeme jako „skupinu rabiho Šimona", neexistuje čas. I v *Gmar Tikun*, kde se nacházejí, existuje pokračování stupňů všeobecné lásky, protože v *Gmar Tikun* ještě není celé lidstvo. Musí k němu dospět, ale dokud nedospěje, mají práci všichni kabalisté, dokonce i ti největší, kteří dosáhli vrcholu svých stupňů. Ale svého posledního stupně ještě nedosáhli, protože se zatím nacházíme v přechodném stavu a také jsou lidé, kteří se ještě nacházejí v nejnižším stavu.

Pouze poté, když všechny duše, které žijí současně v tomto světě, budou prakticky postihovat nejvyšší svět, nejvyšší stupeň, teprve tehdy bude možné hovořit o následujícím stavu, kdy již nebude nutné usilovat o lásku. Vzniknou další stupně, které neznáme a nedokážeme si představit, jak se po nich realizuje vzestup. Až tam dospějeme, uvidíme, co dělat dále.

Otázka: *Je nepochopitelné, jak je možné dosáhnout takového stavu – rovnosti a důležitosti. Vždyť pokud je mi přítel roven, jak pro mne může být důležitý? Vidím ho každý den v různých situacích – jak ho mohu pokládat za velikého?*

Jak může být rovnocenný a zároveň důležitý? Je pro mne důležitý pro dosažení cíle! Bez něho nemohu dosáhnout cíle.

A dítě – čím je pro rodiče důležité? Jsou bez něho ničím a nikým. Cožpak jim něco dává, přináší jim nějaký zisk kromě pocitu, že je pro ně prostě drahou bytostí?

Proč se přítel pro mne stává drahou bytostí? Protože bez něho nedosahuji toho nejcennějšího v životě. Zpočátku se pro mne stává prostředkem pro odhalení Stvořitele a pak si začínám uvědomovat, že není prostředkem, že tím je ve skutečnosti to *Kli*, které se stává podobným Stvořiteli. Tudíž zde vzniká něco většího – uvědomění si toho, že se mi *Kli* v napraveném stavu představuje jako Stvořitel.

Řád setkání skupiny

26. 12. 2004

Rozvržení dne musí být závazné. Například, každý člen skupiny musí v souladu se svými možnostmi hovořit o důležitosti skupiny – to znamená, jaký prospěch mu skupina přináší, že očekává, že s pomocí skupiny získá neobyčejně důležité věci, které by sám v žádném případě získat nemohl. Proto si velmi cení toho, že je členem skupiny.

To si každý z nás musí dobře uvědomit a poté podle určitého rozvrhu předávat ven ostatním. Ne proto, že se nyní nachází ve stavu vzestupu a v závislosti na své náladě křičí, jak je pro něho skupina důležitá, jak jsou pro něho důležití přátelé. Rabaš o tom píše velmi prostě: „Závazně musí existovat rozvržení dne, aby každý hovořil o důležitosti skupiny." A to je všechno. Nikoliv takové prožívání v souladu s náladou, ale všechno musí probíhat po pořádku podle rozpisu.

Takže je nejprve potřeba si uvědomit a říci nahlas, jak je skupina důležitá, jak je její existence nevyhnutelná. Je-li potřeba někoho o něco poprosit, je nutné se řídit dvěma podmínkami:
1. první – ten, kterého prosím, musí mít to, o co prosím; například o peníze prosím bohatého člověka;
2. druhá – ten, kterého prosím, musí mít dobré srdce čili přání nebo ochotu mi pomoci.

Proto mudrci (kabalisté) říkají, že je nejprve potřeba vyzdvihnout velikost Stvořitele a pak Ho již o něco poprosit.

A to ne proto, že je zpočátku potřeba Mu říci mnoho komplimentů, aby Mu bylo nepříjemné odmítnout, a pouze potom je možné Ho poprosit (jak máme ve zvyku, když se obracíme k běžnému člověku). Ale proto, že když vyzdvihujeme velikost Stvořitele, vyzdvihujeme i velikost cíle, a když Mu přinášíme svoje blahořečení a vděčnost (pokud jsou upřímné), tímtéž připravujeme svoje *Kli* pro přijetí právě toho, co z Něho vychází.

Kli, do kterého můžeme přijmout hojnost (*Šefa*) od Stvořitele, Mu musí být podobné, takže se musí nacházet ve stejném stavu pokoje, dobroty, upokojení, věčnosti – ve stavu, ve kterém se nepociťují žádné nedostatky. Pak je toto *Kli* podobné Stvořiteli, Světlu, a v té míře ho On naplní.

Proto se říká, že je nejprve nutné blahořečení a potom prosba. Ale pokud jsem již rozřešil, že mám všechno, že již nic víc nepotřebuji, děkuji za všechno Stvořiteli. Odkud pak po tomto blahořečení vzniká prosba? Podívejme se, co o tom říká Rabaš.

Pokud člověk věří ve velikost Stvořitele a věří v to, že mu On může dát všechny druhy potěšení a že je Jeho jediným přáním těšit svá stvoření, tehdy lze říci, že se člověk opravdu modlí – věří, že mu Stvořitel bezvýhradně pomůže.

To znamená, že naše vděčnost musí do sebe zařadit i prosbu. Tímto způsobem je vděčnost stav absolutní rovnováhy, dobroty, jistoty, spolehlivosti, štěstí. Zahrnuje v sobě prosbu, zahrnuje v sobě nedostatek.

Tento nedostatek se jenom nepociťuje jako nouze, nýbrž je pociťován jako blaho, protože jsem si jistý, že pro mne může Stvořitel udělat všechno. Tento nedostatek ve mně nyní odhalil speciálně proto, abych Ho prosil. Z toho důvodu se v dokonalosti nacházím dokonce i tehdy, když se obracím ke Stvořiteli s prosbou.

Oslovení Stvořitele je pro mne to nejlepší, co může nastat. K přání, které ve mně vzniká, se stavím jako k příčině Jeho oslovení, jako k tomu nejlepšímu, co může nastat, protože bez toho bych Ho nemohl oslovit.

Proto se pro mne stává blažeností samo odhalení přání, nejrozmanitějších poruch, samotná jejich přítomnost; děkuji právě za toto – nikoliv za to, že On ve mně potom cosi napraví a něco mi dá – toto je dostatečné. Pokud mám víru, že mi Stvořitel odpovídá, napravuje mne a naplňuje, pak tato dokonalost musí být přítomna v samotné modlitbě. A pokud je to tak, jaká tedy může být modlitba, jestliže Ho oslovuji a opravdu vím, že dostanu kladnou odpověď?

V našem světě, jestliže opravdu víme, že dostaneme kladnou odpověď, v nás vzniká opovržení k tomu, koho oslovujeme: jako ví rozmazlené dítě, že všechno, o co jen požádá, rodiče udělají. Ono je dokonce neprosí – ono vyžaduje, komanduje, zlobí se, křičí.

Proč jsme si tedy jisti tím, že ačkoliv naše oslovení Stvořitele bude absolutně, stoprocentně splněno, nezkazí se naše chování k Němu? Protože naše zaměření nezahrnuje prostě jen naši víru v to, že nám On vyhoví, ale připojuje k sobě odevzdání.

Pokud by se jednalo o egoistické přijímání, bylo by to stejné jako s rozmazleným dítětem. Moje prosba však v sobě zahrnuje odevzdání. To znamená, že pokud nyní od Něho dostanu – a já od Něho určitě obdržím sílu a znalosti jak jednat – pak mohu na základě obdržených sil a znalostí odevzdávat. Mohu se s pomocí těchto sil a znalostí spojovat s ostatními dušemi, pomáhat v jejich nápravě.

Takže ve mně přitom nevzniká spotřebitelský postoj a nedbalost jako v našem světě, kde pokud jsem si jistý tím, že moje prosby budou splněny, pak se již z proseb mění v příkazy. Zde tomu tak není – zůstávám se Stvořitelem v situaci přijímajícího, neboť potom přejdu k odevzdávání.

Stejný princip je třeba uplatnit i ve skupině, takže je od samotného začátku potřeba zveličovat každého ze svých přátel. Nakolik bude člověk velebit skupinu, natolik si jí bude vážit.

Poté se člověk musí „modlit".

Výše jsme hovořili o přípravě k modlitbě, vždyť jsou všechny naše modlitby prosbami. V *Siduru* (modlitební knížce) se modlitba skládá ze dvou částí. První část je blahořečení, když hovoříme o velikosti Stvořitele, o tom, co On stvořil, proč stvořil nás, a tak dále čili o všem kladném, co sestupuje Shora dolů. Druhá čas modlitby je již prosba o to, aby nám dal Stvořitel sílu k dalšímu duchovnímu vývoji pro činnosti odevzdávání.

Když vychválí Stvořitele a vychválí skupinu, **poté se musí „modlit" (tudíž nastupuje druhá část modlitby – oslovení). Co to znamená? Každý člen skupiny musí prověřit sám sebe: kolik sil vynakládá pro skupinu? A pokud kterýkoliv člen skupiny vidí, že nemá sílu pracovat pro skupinu, pak se všichni musí modlit, aby jim Stvořitel pomohl – všem i každému – dal jim sílu a touhu milovat bližního.**

Právě v tom spočívá nejopravdovější modlitba, o nic jiného není potřeba prosit. Jak je řečeno: *Ve-Ahavta le-Re'acha Kamocha – Klal Gadol be-Tora.* (Miluj bližního svého jako sebe samého – to je obecný zákon celé Tóry). Když o tom přemýšlíš, jistě se neodkloníš ze správného směru – od egoismu k vlastnosti Stvořitele.

Poté, co se skupina a každý její člen naladí na prosbu ke Stvořiteli o altruistické síly, o změnu svých vlastností z egoistických na vlastnosti odevzdání, **poté se musí každý člen skupiny chovat podle třech posledních úryvků z modlitby** *Šmone Esre*.

(Tato modlitba se skládá z osmnácti částí, obsahuje tři první a tři poslední blahořečení). **To znamená, že poté, co člověk již zformuloval svoji konečnou prosbu ke Stvořiteli (potom se s poklonou loučí), v posledních odstavcích hovoří, jakoby mu již Stvořitel dal, oč prosil.**

Je možné tato blahořečení říkat do té doby, než něco dostaneš? V modlitbě se zdá, že ano. Ale to není úplně přesné z hlediska toho, jaký to má smysl, proč je to potřeba činit, pokud to v životě ještě neproběhlo?

Stejně musíme postupovat i ve skupině. Čili poté, co člověk prověřil sám sebe, splnil výše uvedenou radu – pomodlil se ve skupině – musí se domnívat, že jeho modlitba je již přijata Stvořitelem a že se již společně se svými přáteli stal jediným organismem.

Co znamená, že od Stvořitele obdržím to, oč prosím? Znamená to realizaci toho, co bych chtěl: „já bych chtěl být ve vlastnosti odevzdání o jeden stupeň výše". Čiň to a bude to tak.

Jak správně sebe sama naladit k modlitbě? Proč a kdo tuto modlitbu potřebuje? Vždyť Stvořitel ji nepotřebuje. Modlitba je potřebná k tomu, aby organizovala správné spojení mezi mnou, skupinou a Stvořitelem.

Pokud jsi se již „vymodlil" ze všech předešlých proseb, můžeš přesně plnit to, o co jsi prosil, a určitě to budeš mít. Protože z tvojí strany ti chybí pouze *Kli*, které by odhalilo vše, co existuje.

Existovalo to i do modlitby, pouze do modlitby jsi nebyl připraven k realizaci. „Do modlitby" znamená: do té chvíle, než ses naladil na vděčnost Stvořiteli, na víru v to, že On nyní činí (a učiní!) všechno, oč prosíš.

Všechny tyto prosby nejsou pro Stvořitele, ale proto, aby připravily tvoje *Kli*. A nyní, pokud to začneš dělat a plnit, přirozeně to již budeš plnit svým dříve vytvořeným *Kli*, a proto nakonec obdržíš.

Ze strany Stvořitele vůbec nedochází k žádným změnám. Všechno, co mu říkáš, je potřebné k tomu, abys ve svém nitru prodělal tyto operace a obdržel od Něho to, oč prosíš. A u Stvořitele je to připraveno. V důsledku svých přeměn se připravuješ k tomu, abys odhalil, že to již v tobě je.

Poté, co se člověk pomodlí, musí si myslet, že jeho modlitba již byla Stvořitelem přijata a že se stal společně se svými přáteli jediným organismem. A stejně jako chce tělo, aby bylo dobře

všem jeho orgánům, také člověk nyní chce, aby všem jeho přátelům bylo dobře.

Proto po všech těchto činech přichází čas veselí a radosti z toho, že vznikla láska k přátelům. A tehdy musí každý pocítit, že je šťasten, jakoby nyní společně vydělali velmi mnoho peněz. Takže skutečně obdrželi zjevný vzestup, zjevný doplněk k tomu, co si přáli.

A co v tomto případě dělají? V tomto případě uspořádají hostinu s přáteli, kteří mu pomáhali. Proto každý člen skupiny musí uspořádat hostinu, aby jeho přátelé pili a radovali se, neboť v době shromáždění je potřeba být v povznesené náladě a v radosti.

Je čas Tóry a je čas modlitby. Čas Tóry je úroveň celistvosti, dokonalosti, kde nejsou žádné nedostatky, a to se nazývá „pravá linie". Kdežto nedostatek se nazývá „levá linie", protože místo, kde je nedostatek, potřebuje nápravu, říká se tomu náprava nádob. Úroveň Tóry je pravá linie čili místo, které nepotřebuje nápravu.

Proto se metodika kabaly nazývá dárkem, a jak je známo, dárky jsou dávány těm, kdož jsou milováni. A obvykle jsou milováni ti, kteří mají nedostatky. Proto v pravé linii není místo pro myšlenky na nápravu. To znamená, že když všichni dosahují naplnění, dostali dárek a poté se radují. A v závěru setkání je třeba jednat v souladu se třemi posledními úryvky ze *Šmone Esre*, aby všichni pocítili dokonalost a celistvost.

Naše práce musí být vykonávána přesně podle duchovních zákonů, shodně s těmi stavy, kterými musíme na každém stupni projít, v každém svém stavu, v souladu s tím, co na každém stupni, v každém svém stavu, musíme rozlišovat ve vztahu k sobě, k přátelům i ke Stvořiteli. Ty nás vedou. Je pouze třeba věnovat pozornost tomu, co nám poskytnou, co se v nás probouzí uvnitř a zvenku, a podle toho je správně realizovat. Prvky správné realizace zde také odpracováváme.

Co z tohoto článku si v sobě musíme uchovat v daném okamžiku? Povinnost vše činit podle rozvrhu, vše střídat podle rozvrhu, tj. dosahovat těchto stavů podle plánu. Shromáždili jsme se dnes na setkání skupiny a není důležité, že nemáme žádné přání. Začínáme na tom pracovat, protože je napsáno, že je dnes setkání skupiny.

Rabaš nám říká, že musí být závazně stanoven rozvrh dne a každý člen skupiny je povinen využít všechny své možnosti a hovořit o důležitosti skupiny. Takže začínáme hovořit. V důsledku našich rozhovorů, naší výměny názorů, v důsledku toho, že si každý přeje uvnitř sebe vytvořit správné klima a předat ho svým přátelům, vzniká to, co se nazývá modlitba. Začínáme Stvořiteli děkovat za to, že nás takto stvořil a shromáždil nás dohromady. A jsme si jisti, že od Něho obdržíme všechny síly, abychom se duchovně pozvedli, tj. učinili posun k altruismu.

Jakmile si to skutečně uvědomíme, zároveň začínáme pociťovat, že jsme schopni učinit posun k altruismu, protože se Stvořitel nachází v nás. Potřebujeme pouze svým jednáním postupně odhalovat všechny tyto stavy.

Jakmile cítíme, že jsme to schopni odhalit, co je potřeba učinit, když se s přáteli nacházíme v tomto stavu? Uspořádat hostinu!

Otázka: Je rozvrh činností napsán speciálně pro shromáždění přátel, nebo musím všechny tyto činy uskutečňovat ve svém nitru při každém setkání s přáteli?

Ne. Rabaš popsal rozvrh setkání skupiny, čímž se míní, že když se setkávají lidé, na začátku není důležité, zda jsou nadšení nebo ne. Musí uskutečnit takovou práci, aby se shromáždění přátel (*Ješivat Chaverim*) zakončilo vzestupem, aby všichni pociťovali, že když vykonávají společnou duchovní činnost, získávají Shora sílu, která je pozvedává nad egoismem.

Nechť to bude *Lo Lišma*, nechť jsou na to hrdí, nechť obdrží jakési svoje uspokojení – na tom nezáleží. Nejdůležitější je jistota, že v důsledku společné činnosti skupiny dosáhli toho, že přiměli Stvořitele, aby jim dal duchovní sílu pozvednout se nad tímto světem. To se nazývá „Překonali mne synové moji".[16] A to je možné právě ve skupině.

---

[16] *Nicchuni Banaj,* נצחוני בני

Důležitost skupiny

27. 12. 2004

Je známo, že pokud se člověk, který si přeje kráčet cestou Pravdy, neustále nachází mezi lidmi, kteří k tomu nemají žádný vztah a aktivně se staví na odpor lidem, jež kráčejí touto cestou, postupně začne s jejich názorem souhlasit, protože myšlenky lidí, kteří se mezi sebou důvěrně stýkají, jsou v každém případě „smíšené".

To znamená, že člověk, který se nachází uvnitř nějakého společenství – ať si to přeje, nebo ne – nabývá myšlenky tohoto společenství.

Proto pro ty, kdož si přejí dospět ke stanovenému cíli, není jiné cesty kromě vytvoření své vlastní skupiny s určitými rámci čili oddělený kolektiv, ve kterém by nebyli lidé s idejemi, jež by se lišily od idejí této skupiny. Více než to: členové tohoto kolektivu si navzájem neustále musí připomínat cíl své skupiny, aby nenásledovali názory jiných lidí, neboť přirozenost člověka je taková, že je přitahován k většině.

Ti, kteří si přejí kráčet ke zvláštnímu cíli, jsou v souladu s tímto cílem povinni vytvořit skupinu. Proto existuje mnoho nejrozmanitějších stran, různých seskupení, velkých i malých společenství, klubů atd., kde se lidé setkávají v souladu se svými cíli.

Stává se, že má člověk v životě několik cílů, takže v průběhu dne či týdne přechází z jednoho kolektivu do druhého. Vždy se však nachází v takovém kolektivu, který mu pomáhá realizovat jeho cíl.

Je to nezbytné, protože se člověk chtě nechtě neustále nachází ve společnosti. Být se svým cílem v cizí společnosti není možné, protože v tom případě se jeho cíl změní pod vlivem okolní společnosti, která má jiný cíl.

Pokud se taková skupina oddělí od ostatních lidí, tj. nebude s nimi mít žádné spojení, co se duchovního týče, a všechny její kontakty se budou omezovat pouze na materiální otázky, pak na ni žádné cizí ideje a názory nebudou mít vliv, neboť tato skupina nebude mít v záležitostech duchovního s cizími lidmi žádné spojení.

Člověk se musí nacházet uvnitř tohoto světa, musí pracovat, musí v tomto světě žít, ale je zapotřebí, aby se stýkal s ostatními pouze v záležitostech, které se netýkají duchovního. Musí si vytvořit hranice: duchovní – to jsem já a moje skupina. Nic jiného nevynášet navenek. Podávat informace pouze v omezené formě při šíření a pouze v té míře, ve které je to prospěšné pro ty, pro které pracuje, bez ohledu na svůj vlastní názor.

Vždyť jestliže se člověk, který se učí kabalu, nachází mezi nábožnými lidmi a začíná s nimi hovořit a přít se s nimi, pak se okamžitě jeho názory mísí s jejich míněním, jejich ideje pronikají do jeho vědomí až do té míry, že si člověk přestane uvědomovat, že to nejsou jeho, nýbrž cizí názory.

S cizími lidmi je třeba jednat velmi důsledně, nebýt s nimi v kontaktu více, než je nezbytně nutné k práci nebo z důvodů nějakých rodinných záležitostí. A mimo to – nijak a v ničem.

Člověk, který kráčí cestou Pravdy, se musí oddělit od druhých lidí. A kvůli tomu, aby postupoval touto cestou, potřebuje vynaložit velká úsilí, poněvadž je nucen kráčet proti idejím celého světa. Neboť se tyto ideje celého světa opírají o znalosti a přijímání. Ideje kabaly jsou naproti tomu založeny na víře a přání odevzdávat.

Mohou nás obviňovat za to, že jsme kasta, že jsme sekta, že se oddělujeme, že pohrdáme, ale všechna tato obvinění nemají význam. Existují pokyny kabalistů a my se nemůžeme zaměřit na duchovní cíl, když je nebudeme plnit. Duchovní svět je cíl, který je odloučen od všech ostatních cílů lidstva. V souladu s tím musí být také skupina, která si přeje tohoto cíle dosáhnout, absolutně oddělena od veškerého lidstva ve všem, co se týče tohoto cíle. A nemůže zde docházet k žádným kompromisům.

A pokud se člověk neoddělí od cizích názorů, zapomene na cestu Pravdy a navždy se dostane do područí egoismu.

A pouze v boji proti cizím myšlenkám, když se izoluje jako v arše Noemově, může člověk proplout touto bouří skrze veškerý proud myšlenek a přání lidstva, jež se ho snaží zaplnit. Do čistého duchovního světa může vstoupit, jestliže budou všechny jeho myšlenky zaměřeny pouze na odevzdání. Veškeré myšlenky lidstva jsou však zaměřeny pouze na přijímání – především na to, jak a jakým způsobem více přijímat.

A pouze ve skupině, která si před sebe klade za cíl dosažení lásky k bližnímu, člověk může získat sílu k boji proti idejím a názorům celého světa.

V Knize *Zohar* (*Parašat Pinchas*) je řečeno, že pokud člověk žije ve městě, ve kterém žijí špatní lidé, a on tam nemůže studovat kabalu, musí kvůli tomu změnit bydliště, odtrhnout se odtud a usídlit se tam, kde se zabývají kabalou.

Tóra se nazývá „Strom". Je řečeno mudrci: „Strom života pro ty, kdož ji dodržují." A člověk je jako strom, jak je řečeno: „Člověk – strom plodící." A jeho cnostné skutky se podobají plodům. Proto, když se v textu setkáváme s jednoduchým slovem „strom", pak označuje neplodící strom čili zbytečný, který bude poražen. Také člověk, který se nesnaží napravit, bude odříznut od tohoto i budoucího světa.

To znamená, že mu jeho život prakticky neposkytne žádné hmatatelné výsledky. Proto se člověk musí vymanit z místa, kde žijí hříšníci – ti, kteří jej učí, jak žít jednoduše v tomto světě. Člověk musí odejít z místa, kde se nemůže zabývat kabalou, a přesídlit na místo, kde jsou ti, kteří ji studují. A tehdy může studovat úspěšně.

Kniha *Zohar* srovnává člověka s plodícím stromem, a jak je známo, takové stromy trpí, když je v jejich okolí plevel, který je nutno neustále odstraňovat. Také člověk, který kráčí cestou Pravdy, se z takového okolí musí vzdálit, musí odejít od lidí, kteří nenásledují tuto cestu, a musí se neúprosně starat o to, aby se nedostal pod cizí vliv – aby ho nezahubil plevel.

To se nazývá oddělení. Znamená to, že člověk musí mít pouze vlastní myšlenky, které se vztahují k odevzdání, k touze odevzdávat, a nikoliv myšlenky většiny, které nakonec vedou k sebelásce, tj. k egoismu – k tomu, jakým způsobem využívat okolí a celý svět. A to se nazývá „dvě vlády v člověku": první – vláda Stvořitele a druhá – vláda sebe samého.

Vláda Stvořitele – když člověk usiluje o odevzdání, a vláda člověka – když rozvíjí vlastní egoismus.

V *Talmudu* (traktát *Sanhedrin*, s. 78) je napsáno: „Řekl *Rav* Jehuda z pověření *Rava*, že Adam byl odpadlíkem od víry," jak je řečeno: „Zvolal Stvořitel k Adamovi a řekl mu – kde jsi? Kam jsi sklonil svoje srdce?"

To znamená, že Adam sklonil své srdce k modlářství. Modlářstvím se nazývá klanění se vlastnímu egoismu – člověk nemá jiný idol kromě svého vlastního egoismu.

Z řečeného je možné učinit závěr, že hřích Adama spočíval v porušení Přikázání „nenásledujte srdce vaše..." Pokud tě řídí srdce – je tvým idolem, za kterým jdeš. **To se také nazývá modlářstvím: sklonil své srdce na druhou stranu, na stranu přijímání.** Ale proč je o Adamovi řečeno, že sklonil srdce k modlářství, porušil Přikázání „nenásledujte svoje srdce..."? Pojem „služba Stvořiteli" znamená, že jsou všechny činy člověka zaměřeny na odevzdávání. A pokud Adam sloužil Stvořiteli kvůli tomu, aby přijímal, je to cizí práce, služba cizím bohům, tj. modlářství. **Vždyť musíme sloužit Stvořiteli pouze proto, abychom odevzdávali.**

Ale Adam přijal pro vlastní potěšení. **V tom tkví smysl porušení Jeho přikázání „nenásledujte srdce vaše": Adam nemohl přijmout plod Stromu poznání ve prospěch odevzdání.** Nemohl přijmout veškeré Světlo, které mělo naplnit společnou duši ve prospěch odevzdání, ale ve výsledku to udělal ve prospěch vlastního potěšení.

Tento stupeň se nazývá „srdce": pokud chce srdce přijímat pouze pro vlastní prospěch, nazývá se to hřích Stromu poznání.

Tudíž vidíme, jakou výhodu člověku přináší skupina. Pouze ona může vytvořit atmosféru, která je naprosto odlišná od té, ve které se nacházejí všichni ostatní lidé, atmosféru, ve které bude možné vykonávat skutky odevzdání.

Otázka: Měl bych mít kritický postoj k lidem ve svém okolí?
Obejít se bez kritiky je nejlepší. Vzpomeň si, co Rabaš říká o lidech, kteří byli dříve žáky Ba'ala HaSulama. Po jeho smrti se stali o mnoho horšími než ostatní lidé, protože se dříve nacházeli pod jeho clonou a nyní se začal odhalovat jejich *Ovijut*. Rabaš v tom dopise píše: „Nechci o nich mnoho hovořit, protože bych s nimi v tom případě byl spojen v myšlenkách – dokonce i tehdy, pokud o nich budu hovořit negativně. Nechci, aby byli v mých myšlenkách."

Když přijdou do kabaly začátečníci, v první fázi neustále kritizují ostatní. Nemá cenu to dělat z mnohých příčin, není to naše věc.

Stvořitel postupně vede celé lidstvo, krok za krokem napravuje každou vrstvu společnosti. Musíme přemýšlet pouze o tom, jak napravit sebe sama. Když přemýšlíš o druhých, začínáš je pozorovat, soudit, tím se s nimi spojuješ a chtě nechtě si vzájemně předáváte své názory. Kontakt nemůže být jednostranný – z tvojí strany navenek.

Proto kabala takové věci zakazuje. Nemá smysl se zabývat nápravou, podněcováním nebo káráním ostatních. To je možné, jenom když se jedná o osvědčenou věc, která vede k hmatatelným výsledkům, tj. když se ke skupině připojuje mnoho lidí nebo se vytvářejí nové seriózně pracující skupiny. Kromě těchto případů je lepší nehovořit ani nepřemýšlet o cizích. A pokud vedeš nějaké lekce nebo vyučování, je třeba to dělat navenek, a nikoliv zevnitř, jako by to byl vnější *Parcuf*.

Otázka: *Jakým způsobem se spojuji s druhými?*

Rabaš to vysvětluje. Připusťme, že jsi stavař, nacházíš se mezi krejčími a přišel ses najíst do restaurace, kde sedíte pohromadě a obědváte. Oni hovoří o své krejčovské práci a ty, stavař, můžeš sedět vedle nich a poslouchat, o čem hovoří, ale nemá to na tebe vliv. Z jejich záležitostí nic nechápeš. Tehdy v tom není nic cizího.

Ale jestliže se tvoje práce třeba jen něčím podobá jejich, v té míře na tebe mohou mít vliv a určitě tě ovlivní. Člověk nemůže zabránit tomu, aby na něho neměl vliv druhý, třeba jen jeden člověk, nemluvě již o kolektivu.

Proto je nutné se snažit co nejméně poslouchat a hledět tam, odkud ti mohou vnutit jiné myšlenky a přání, odlišné od těch, které máme my na naší cestě. V první řadě se tím míní ideologie.

Můžeš si prohlédnout knihu o chutné a zdravé stravě nebo nějakou reklamu – to není důležité. Ale jestliže budeš poslouchat o nějakých jiných cílech a vztazích mezi druhými lidmi, vzniká zde již velký problém. A to tím více, pokud se budeš zabývat kritikou nebo naopak sblížením s jinými skupinami. To naprosto není tvoje věc.

Otázka: *Jak se mohu ocitnout pod vlivem cizích lidí, když je to, co mám ve skupině, o mnoho větší, než je všechno, co je ve vnějším světě?*

Člověk se nachází ve velké společnosti s vysokými cíli. Stvořitel se nachází uvnitř nás, na špičce našeho cíle. Člověk vychází ven, a co tam vidí? Nešťastné maličké lidičky, je jich mnoho, hemží se. A on i se svými vědomostmi, se svými úsilími, se stejně ocitá v jejich moci? Kdo jsou oni ve srovnání s ním? Zbyteční mravenci, on je ve srovnání s nimi Gulliver, ale stejně se ocitá pod jejich vlivem.

O čem přemýšlejí kromě toho, jak více vydělat a příjemně strávit čas? Ani jedno, ani druhé od nich vůbec nepotřebuje. Ale oni na něho stejně budou mít vliv? Co mají? Pivo, fotbal... A on také může zatoužit po fotbale a pivu? Kvůli tomu, že se prostě nacházejí kolem něho jako děti v mateřské školce? Ano, to je absolutně přesné. I vychovatelka v mateřské školce podléhá vlivu dětí.

Připomeneme si příklad největšího mudrce ve své generaci, kterým byl rabi Josi ben Kisma. Když mu uložili, aby se přestěhoval do jiného města a vyučoval jeho obyvatele *Tóře*, řekl: „Ne, nepojedu. Nemáte tam mudrce. Nebudu mít s kým se spojit do skupiny. Budu tam sám mezi nevzdělanci. Ti ze mne rychle udělají stejného nevzdělance, stáhnou mě dolů."

Takže se takový člověk bál jakéhosi davu. Davu, který souhlasil s tím, že se bude u něho učit, nestál proti němu, ale souhlasil, že se mu jakkoliv podřídí! Vyslali k němu posly: „Přijeď k nám, dáme ti všechno, jen nás alespoň trošku nauč." Jak mohl odmítnout? Ale odmítl. Protože pokud by žil mezi nimi, oni ho naučí dříve než on je. A když se změní, nebude je moci naučit vůbec nic.

Proto nemá význam úroveň člověka (velká nebo malá): obvykle, když jsou ve společnosti takové problémy, jako je velké množství nehodných lidí, vzdálených od duchovní touhy, pak tam jsou posíláni největší a nejsilnější mudrci, a nikoliv malí a slabí.

Proč tedy takové slabé společenství stejně působí na takového silného člověka, jako je rabín Josi? Protože egoismus člověka zůstane nezměněn. A pokud člověk není napraven plně (a do Konečné nápravy není plně napraven nikdo), nemůže se stát, že by nebylo možné člověka ovlivnit.

Dokonce i třída nejslabší úrovně může zkazit největšího spravedlivého, poněvadž je-li v jeho nitru třeba jen maličká částečka egoismu, jež je úplně skryta, začne se probouzet.

V jakém případě se neprobouzí? Když není. A proč existuje? Protože nyní proti tomuto spravedlivému stojí ještě hříšníci. Znamená to, že v souladu s tím není napravený, takže existuje spojení s vnitřními hříšníky tohoto spravedlivého.

Pokud jsou kolem mě nenapravení lidé, jejich model je ve mně, je můj, protože jsou duše vzájemně proložené. Znamená to, že na mne mohou mít vliv, protože existují ve mně v dosud nenapraveném stavu, neboť se z vnější strany nenapravili.

V Konečné nápravě (*Gmar Tikun*), když bude napraveno všechno, nebude pro mne důležité, v jaké společnosti se vyskytuji.

Ale do té doby, dokud nenastala Konečná náprava (*Gmar Tikun*), jakákoliv nenapravená společnost pro mne představuje zjevné riziko. Protože to, co existuje venku v nenapravené podobě, je uvnitř.

Zde pro tebe uvedu příklad: rabi Josi – člověk, který se nachází ve stavu osobní nápravy! A kolem něho žijí hříšní lidé, kteří se dokonce chtějí učit Tóru, chtějí nápravu! On však ještě nemůže být mezi nimi, protože tito hříšníci jsou v něm. A on tam nešel. Nešel lidi vyučovat. Proč? Protože by sám poklesl a nemohl by je učit.

Otázka: *Mezi těmi, kteří se učí kabalu, jsou tací, kteří jsou ve svém městě sami, nemají vůbec žádnou možnost se během dne s někým spojit. Co mají dělat?*

Není možné, aby člověk neměl možnost studovat. Nic takového není – Stvořitel nedává nesplnitelné úkoly a neklade nesplnitelné podmínky. Jakmile vstoupíš do Vyššího světa, vidíš, že jsi byl vždy, každou minutu, každou sekundu, řízen Shora. Nemáš proč a za co někoho obviňovat, všechno vždy záviselo na tobě.

Takový pocit získá člověk, když vstoupí do Vyššího světa – začátek ospravedlňování Stvořitele. Proto nesouhlasím s tím, když mi říkají, že se člověk nachází v takové situaci, někde daleko a nic k němu nepřichází. Sám jsem čtyři roky žil jako disident.

Vždy je možné vše najít. Je možné žít. Když jsem hledal kabalu, také to nebylo jednoduché. Kde bylo možné ji najít? Knihy prakticky žádné nebyly, nevěděl jsem, na koho se obrátit. Po všem, co jsme do současnosti vytvořili – internet, knihy, kazety, video, audio – říkat, že člověk nemá spojení? To je prostě hloupé.

Otázka: *Pokud člověk žije někde daleko, jaké může vytvořit spojení s ostatními?*

Pokud je to osamělý člověk, musí se spojovat přes kurátory nebo přes sekretáře (a já věřím, že máme takový systém), aby dostával včasné informace a cítil se tak v kontaktu se skupinou, cítil, že je její částí.

Jestliže se o to snaží, musí mu být splněno i všechno ostatní. Člověk nemá žádné důvody, aby se vzdal postupu dopředu: prý takové jsou moje podmínky. Takové podmínky nejsou. Podmínky jsou dány každému. Vycházejí z toho, co právě v daném okamžiku potřebuje. A poté ho vezmou a převedou na jiné místo, změní kolem něho podmínky atd.

Stvořitel má nekonečné množství různých způsobů, jak s člověkem udělat vše, co chce. Proto bychom měli situaci každého přijímat jako nejoptimálnější k tomu, aby nyní, v daném okamžiku, řešil to, co je pro něho nejdůležitější. Vždyť člověk bývá v horších situacích. Ale my musíme chápat, že v daném okamžiku je to ta nejlepší situace ze všech. Je potřeba tomu věřit. Pokud člověk věří, tj. přijímá to dobrovolně, pak od něho tato myšlenka neodejde. Tehdy v každé situaci, ať již by byla jakákoliv, již může pracovat na spojení se Stvořitelem.

Otázka: Může malá skupina, relativně skrytá před světem, přivést lidstvo do Gmar Tikun?

Připusťme, že vzali malou kabalistickou skupinu, ponechali ji na pustém ostrově, odkud nemá s nikým spojení. Je to dostatečné k tomu, aby byl dosažen *Gmar Tikun*, neboť každý člověk reprezentuje celý svět.

Otázka: Pokud měl Josi ben Kisma nějaké skryté nenapravené nedostatky, které se mohly odhalit ve styku s vnějším světem, jak je pak může napravit, když nevyjdou ven?

Jak člověk zjistí svoje nedostatky, když není blízko lidí? Pokud začíná pracovat, tyto nedostatky se v něm odhalují. Začíná pracovat pro vzdálenou skupinu ve prospěch toho, aby byl společně s nimi. To stačí k tomu, aby se mu již začaly odhalovat jeho nedostatky. Nenachází tyto nedostatky v druhých, jsou v něm samotném, musí se projevit z jeho nitra.

Otázka: Jak může nastat, aby byl přítel velký a aby současně existovala možnost se s ním spojit jako s přítelem, tudíž rovnocenně?

Je zapotřebí oddělit jedno od druhého a tehdy se to podaří. Jinak samozřejmě ne. Je velký jenom v něčem, ale v ostatním je roven mně.

Vždy je to paradox: na jedné straně musíme každého přítele povyšovat, jakoby to byl největší spravedlivý v generaci čili tisíckrát větší než já, a na druhé straně stejně musí být mým přítelem.

Další knihy v češtině

Kabala. Základní principy
Michael Laitman

Kniha jednoho z nejvýznamnějších učitelů kabaly z kabalistického hlediska napoví začátečníkům odpovědi na základní otázky, které trápí každého přemýšlivého člověka odnepaměti: Kdo jsem? Proč existuji? Odkud jsem přišel? Co je zde mým úkolem? Byl jsem zde již dříve? Proč existuje utrpení? Opakovaným čtením této knihy si člověk rozvíjí vnitřní vnímavost, smysly a jiný, hlubší přístup k životu. Tyto nově získané schopnosti vás naučí vnímat dimenzi, která je skryta našim běžným smyslům. Čtenář se naučí nově získaným vnitřním zrakem odhalovat duchovní strukturu, jež nás obklopuje, téměř jako by se zvedala mlha.

Kniha *Zohar*
Michael Laitman

Kniha *Zohar* je považována za stěžejní kabalistickou práci. Kniha je napsána ve formě alegorických příběhů, jejichž prostřednictvím je však sdělován mnohem hlubší význam. Svým zvláštním jazykem *Zohar* popisuje uspořádání světa, koloběh duší, tajemství písmen a budoucnost lidstva. Kniha je unikátní svou silou duchovního působení na člověka a tím, že může mít kladný vliv na čtenářův osud. Michael Laitman ve svém komentáři, který integruje a dále rozvíjejí komentář velkého kabalisty 20. století Jehudy Ašlaga (Ba'ala HaSulama), srozumitelně vysvětluje jazyk kabaly, a tak každému čtenáři otevírá přístup k této knize, jež je právem považována za bránu do duchovního světa.

Od chaosu k harmonii
Michael Laitman

Kniha kombinuje základy starobylé moudrosti kabaly s nejnovějšími poznatky vědy, takže představuje jakýsi kompletní vzorec života. Kabala je moudrost, jež podporuje jednotu a celistvost a umožňuje správným způsobem využít rostoucí egoismus každého člověka. Kabala je dnes uznávána jako funkční, časem ověřená vědecká metoda, jež nás vede ke zlepšení našeho života. Její principy nám nabízejí řešení globální krize a vysvětlují, jak dosáhnout míru a naplnění. Kabala učarovala mnoha významným lidem v dějinách; například takovým osobnostem, jako je Newton, Leibnitz a Goethe.

Kniha je založena na esejích a seminářích vedených Michaelem Laitmanem. Zaměřuje se na osobní úroveň lidského vývoje – vysvětluje kořeny každé krize i peripetie, jež v životě zakoušíme, a popisuje, jak je můžeme vyřešit.

Sobectví, nebo altruismus?
Michael Laitman

Michael Laitman zasvětil svůj život výuce kabaly a srozumitelnému výkladu tohoto duchovního učení co nejširšímu okruhu lidí. Předkládá základní ideje kabaly tak, aby jim porozuměl každý čtenář a aby ukázal, jaké základní pohnutky a touhy hýbou lidskou psychikou a veškerým stvořením. Poutavě, a přitom v pouhých několika bodech popisuje, jak vznikl vesmír i naše Země se svými rozmanitými formami života. Vše směřuje k přesvědčivým důkazům, že vyšším projevem lidské bytosti je touha dávat a že nesobecká, laskavá koexistence je přirozeným cílem, k němuž má lidstvo směřovat. V tom také Michael Laitman vidí řešení současných problémů a nabízí praktická východiska, jak věci pozvolna zlepšovat.

Odhalená kabala
Michael Laitman

Kabala se zabývá zkoumáním světa a přírody. První průkopníci, kteří se pokoušeli analyzovat přírodu a její zákony, chtěli vědět, zda má naše existence nějaký smysl, a pokud ano, jaká je v tomto mistrovském plánu role lidstva. Ti, kdo dosáhli nejvyšší úrovně poznání, byli nazváni kabalisté. Prvním z nich byl Abrahám, jenž založil dynastii učitelů kabaly.

Kniha předního kabalisty Michaela Laitmana toto duchovní učení srozumitelně vysvětluje tak, aby běžnému modernímu člověku přineslo praktickou moudrost, jež nás může přivést ke klidnému prožívání světa a k životní harmonii.

Kabala pro začátečníky. První díl

Nabízíme vám nový učební materiál, který vznikal pod vedením vědce, kabalisty a doktora (Ph.D.), vedoucího Mezinárodní akademie kabaly Michaela Laitmana, pokračovatele klasické kabalistické školy, která je starší více než jedno tisíciletí. Michael Laitman zároveň vede moderní výzkum v oblasti tohoto učení, který obdržel mezinárodní uznání, je členem Mezinárodní rady mudrců (*World Wisdom Council*) a mnoha dalších mezinárodních organizací.

Při vytváření této učebnice byl poprvé učiněn pokus systematicky vyložit základní oblasti klasické kabaly pomocí současného vědeckého jazyka. Učebnice je sestavena na základě materiálů, knih a lekcí Michaela Laitmana, jakožto předmětu daného učení v Mezinárodní akademii kabaly. Učebnice obsahuje náčrtky, základní informace, odkazy na audio a videomateriály z lekcí i publikované klasické kabalistické zdroje.

Využívání studijních materiálů se doporučuje pro samostatné studium i jako učební materiál pro posluchače Mezinárodní akademie kabaly, otevírá možnost hlubšího studia originálních děl velkých kabalistů – Knihy *Zohar*, Učení deseti *Sfirot* (*Talmud Eser Sfirot*) a dalších.

Proč máme studovat tuto vědu?

Člověk cítí v průběhu celého života neustálou potřebu změn. Je však v jeho moci změny uskutečnit? Nebo se mohou realizovat pouze pod vlivem zvláštní vnější síly, která se nachází výše, než je náš svět?

Veškerá historie lidstva je nepřetržité hledání způsobu, jak změnit okolní přírodu, sebe a společnost s cílem dosáhnout lepšího stavu. Občas není toto hledání zbytečné a bez ušlechtilého cíle. Pokud však můžeme sledovat, doposud se nikomu nepodařilo v této oblasti uspět a učinit jakýkoli významný pokrok v realizaci svých úmyslů.

Příčina spočívá v tom, že náš svět je ovládán ohromným systémem sil, který nazýváme „Vyšší svět". Bez důkladného prostudování zákonů, na jejichž základě působí, do něho není možné zasahovat. Kabala nám poskytuje představu o uspořádání tohoto systému, o tom, jak ovlivňuje náš svět a jakým způsobem se můžeme do tohoto procesu správně zapojit a spatřit, jak s její pomocí změnit osud – svůj vlastní i celého lidstva.

Dosahování Vyšších světů
Michael Laitman

Od narození jsme zbaveni možnosti vnímat Vyšší světy, duchovní podstatu, Stvořitele. Chybí nám odpovídající smyslové orgány. Jak člověk může pocítit nepostřehnutelné? Jak v sobě můžeme pomocí kabaly rozvíjet schopnost vnímat duchovní?

Kdo jsem a proč existuji? Odkud jsem přišel, kam jdu, proč jsem se objevil na tomto světě? Je možné, že jsem tady již byl? Přijdu na tento svět znovu? Mohu poznat příčiny toho, co se mi děje? Proč do tohoto světa přichází utrpení a je možné se mu vyhnout? Jak najít klid, spokojenost, štěstí?

Kabala na tyto otázky odpovídá jednoznačně: pouze tehdy, když porozumíme duchovnímu světu, celému vesmíru, můžeme jasně vidět příčiny toho, co se s námi děje, důsledky všech svých činů, aktivně řídit svůj osud. Metodika odhalení duchovního světa se nazývá „kabala" a v této knize nám ji zevrubně popisuje Michael Laitman.

Kabala umožňuje každému člověku, aby ještě během života na tomto světě pocítil a pochopil duchovní svět, který nás řídí, a žil současně v obou světech. Tím člověk získá absolutní poznání, jistotu, štěstí.

Navždy se mnou / O mém Učiteli Rabašovi
Michael Laitman

V této knize Michaela Laitmana nejsou jenom vzpomínky na svého Učitele. Je vyjádřením praktické duchovní cesty zároveň s intimním příběhem o velkém kabalistovi, o tom, jak byly postaveny vztahy a společné studium (tudíž celý život) Učitele a žáka.

Nejhlubší spojení a konflikty, pomoc a odstrkování, oddanost a protest – prostřednictvím vzestupů a propadů předával Učitel moudrost kabaly svému nejbližšímu žáku, ve kterém spatřil možnost spojení, poslední spojovací článek k předání tajných znalostí z řetězce dávných mudrců současnému lidstvu.

Metodika integrální výchovy
(Besedy Michaela Laitmana s Anatolijem Uljanovem)

Svět se ocitl před těžkým rozhodnutím: buď absolutní zkáza, nebo všenárodní rozsáhlá budovatelská práce na nové úrovni. Budovatelská práce znamená, že přes všechny naše vzájemné rozepře a protiklady musíme vytvořit komfortní podmínky pro život každého z nás i našich rodin a na základě toho vybudovat stejné podmínky pro život celého lidstva.

Je to naprosto reálné, nejsou proto zapotřebí žádné revoluce ani nekonečná jednání – je to zkrátka běžná výchovná práce…

Slyšel jsem (*Šamati*)
Jehuda Ašlag (Ba'al HaSulam)

Je to zápisník Barucha Ašlaga (Rabaše), staršího syna velkého kabalisty – Jehudy Ašlaga (Ba'ala HaSulama), který napsal již v době, kdy se učil cestám duchovní práce a metodice přiblížení ke Stvořiteli, odhalení Vyšší síly – což je ve skutečnosti podstatou kabaly. Sepsal je podle slov svého otce a Učitele, Ba'ala HaSulama. Nikdy se s tímto zápisníkem nerozloučil a neustále jej četl.

Kniha je určena pro duchovní vzestup člověka a odhaluje duchovní pojmy vně veškerého spojení s předměty a jevy materiálního světa. Dozvídáme se, že například Tóra popisuje Vyšší svět, který člověk přitahuje, když studuje kabalistické texty a přeje si změnit sebe sama, aby se pozvedl na jejich úroveň. Pojmem „Přikázání" se nemíní plnění mechanických skutků, ale jsou to duchovní činy, které plníme prostřednictvím clony (antiegoistické síly). „Izrael" i „národy světa" jsou vlastnosti – přání člověka: „Izrael" – směřování k duchovnímu odhalení Stvořitele a „národy světa" – egoistická přání.

Tato neobyčejná kniha k člověku přitahuje Vyšší světlo, jež působí na čtenáře, a on se neustále mění, otevírá své srdce. Toto Světlo září na člověka, vyvolává v něm nové myšlenky a touhy, rozvíjí jeho „šestý smysl", bez něhož není možný vstup do duchovního světa.

V článcích *Šamati* jsou postupně a metodicky vysvětleny všechny stavy, kterými člověk musí projít, aby dosáhl vnímání duchovního světa. Kniha tyto stavy vysvětluje a poskytuje čtenáři drahocenné rady.

Vydáme-li se cestou, kterou nám popsali velcí kabalisté, můžeme během života na tomto světě rozkrýt Vyšší sílu, jež naplňuje vše. Pak odhalíme pravdivý obraz okolní reality, nekonečný a věčný tok života, a plně porozumíme tomu, co se děje a proč a na jakém základě funguje celá příroda. Ale především tím naplníme vyšší osud člověka – dosažení Myšlenky stvoření – vzestup na nejvyšší úroveň existence.

Při čtení pocítíte, že se dotýkáte věčné pravdy. Postupně se naučíte pronikat stále hlouběji skrze písmena a fráze, dokud se před vámi neotevře Nekonečno...

Sjednocující hry
Konstantin Kalčenko – Dmitrij Samsonnikov – Julia Čemerinskaja

Hra je klíčovým prostředkem rozvoje člověka i přírody. Na základě pocitové i racionální osobní zkušenosti nám umožňuje studovat svět a naše vzájemné vztahy. Procesy, které vznikají během hry, nás nutí jednat způsobem, který se nám zdá neobvyklý. Tím v nás podněcuje nové schopnosti. Kromě toho pro nás hravá forma vytváří spolehlivé teritorium pro zkoušení a prověřování nového. Koneckonců je to jen hra a ve hře je povoleno téměř vše. Pomáhá tak utvářet náš následující stav, na který si hrajeme.

Naše vzdělávací metodika klade na sjednocující hry zvláštní důraz, protože člověk může být šťastný pouze tam, kde se vytvářejí správné vztahy mezi lidmi. Sjednocující hry podporují vztahy založené na uvědomění si vzájemné závislosti a na rozvoji spolupráce mezi účastníky, protože jsou navrženy tak, že je v nich možné uspět pouze za podmínky, že každý vnáší svůj vklad do společného díla. Hry slouží jako vynikající nástroj, který umožňuje seznámit účastníky s modelem budoucího sjednoceného stavu, o který všichni usilujeme. Když se do nich účastníci zapojí, bez obtíží reagují, energicky a radostně plní jakýkoliv úkol, mění se atmosféra: od vážné nálady k uvolněné, od rozptýlenosti ke stmelení, od únavy k čilosti, od chladu k srdečnosti a nadšení. Hlavní poselství her spočívá v tom, že pokud se sjednotíme, pokud vzájemně spolupracujeme a vážíme si jeden druhého, vzájemně si nasloucháme, prožíváme radost a dosahujeme úspěchu, což se pak projeví i v dalších oblastech našeho života.

Připravujeme

Tajemství Věčné knihy
Michael Laitman

– Bereme do rukou Tóru a co v ní nacházíme? Sbírku historických příběhů. Okamžitě vyvstává otázka, jak se mohlo stát, že tato kniha příběhů přežila a zdá se, že přežije vše, co bylo kdy napsáno a publikováno. Stala se základem mnoha filozofických učení. Je nevyčerpatelným zdrojem inspirace pro umělce, hudebníky, básníky. Jak je to možné? Jak kniha příběhů mohla překonat čas a stát se prakticky věčnou?

– Tóra není kniha příběhů. Ale myslím, že to lidé příliš nechápou. Napsal ji Mojžíš. Popsal, jak se mu odhalil Stvořitel. Toto je, samozřejmě, jedinečná událost v historii lidstva. Třebaže i před Mojžíšem byli lidé, kteří odhalili Stvořitele a svoje odhalení popsali. Prvním člověkem, který odhalil Stvořitele – skrytou Vyšší sílu, byl Adam.

– V této knize – v Tóře – se hovoří o odhalení tajné Vyšší síly?

– Ano. Vypovídá pouze o tom. Všechno, co napsali kabalisté, kteří odhalili Stvořitele, všechny tyto knihy, se nazývají svaté, protože vyprávějí o tom, co je ukryto v nás. Svatost (*hebr.* Kadoš) je ze slova oddělený, osamocený, jako by se nacházela v části vesmíru, která je před námi skryta. Mnozí kabalisté, kteří tuto skrytou část odhalili, ji popsali ve svých knihách. To, co popsali, se nachází vně vnímání našich smyslů.

– Proč je Tóra zaznamenána Mojžíšem ve formě příběhů? Proč bylo zapotřebí mást lidi? Člověk ji začíná číst a vnímá ji jako historické příběhy.

– Tóra je postupné kauzální odhalování duchovního světa člověkem. Je to také příběh. Nejedná se však o příběh národa, který bloudí pouští, jak je v ní popisováno. Je to alegorický příběh o odhalení Vyšší síly člověkem, o cestě, kterou v naší době může projít každý. Pokud člověk opravdu zatouží odkrýt to, co se nachází za hranicemi našeho světa, pak projde stejnými stavy, jaké popsal Mojžíš.

Kabala pro začátečníky. Druhý díl

V druhém dílu učebnice kabaly máte možnost si rozšířit základní znalosti o systému vyššího řízení našeho světa a dozvědět se, jak se člověk k němu může organicky připojit jako aktivní integrální prvek, který bude schopen změnit nejen svoji existenci, ale i budoucnost celého lidstva.

Učebnice kabaly byla zpracována pod vedením vědce-kabalisty Dr. Michaela Laitmana, ředitele Mezinárodní akademie kabaly. Autoři do ní zařadili následující vědecko-informativní materiál: historie rozvoje kabaly, kabala a náboženství, srovnávací analýza kabaly a filozofie, kabala jako integrální věda a kabalistická antropologie.

Smyslem této učební pomůcky je umožnit nalézt odpovědi na všechny otázky, které studujícího v souvislosti s uvedenými tématy zajímají a které osvětluje kabala, i rozšířit obzory čtenáře v oblasti interakce mezi kabalou a jinými vědami, jež se týkají společenských a přírodních aspektů různých systémů znalostí.

Učení deseti *Sfirot* (*Talmud Eser Sfirot*)
Jehuda Ašlag (Ba'al HaSulam) – Michael Laitman

Učení deseti *Sfirot* je stěžejní dílo, které spojuje hluboké poznání dvou velikých kabalistů – Ariho (16. století) a Ba'ala HaSulama (20. století). Je to základní učebnice vědy kabaly, která studentům odhaluje úplný obraz vesmíru. Materiál dané knihy je založen na kurzu, vedeném vědcem a kabalistou Michaelem Laitmanem, Ph.D., vedoucím Mezinárodní akademie kabaly, podle uvedeného kabalistického zdroje. Setkáte se zde s úplným překladem originálního textu prvních čtyř částí Učení deseti *Sfirot*, včetně přesných definic kabalistických termínů vysvětlených Ba'alem HaSulamem a jeho všestranných analýz zkoumaného materiálu v částech „Vnitřní vhled" (*Histaklut Pnimit*) ve formě, která je srozumitelná pro současného studenta. Kniha popisuje zrození duše, její strukturu a cesty dosažení věčnosti a dokonalosti. Text doplňují náčrty a odpovědi na otázky.

Úvod do vědy kabaly (*Pticha*)
Jehuda Ašlag (Ba'al HaSulam) – Michael Laitman

Cílem stvoření je touha Stvořitele poskytnout svou štědrou rukou potěšení stvořením. Za tímto účelem stvořil v duších velkou touhu přijmout toto potěšení, jež spočívá v hojnosti (Šefa – to, čím si nás Stvořitel přeje těšit). Touha přijímat je nádobou pro přijetí potěšení, které je obsaženo v hojnosti (Šefa).

„Úvod do vědy kabaly" (v hebrejštině známý pod názvem *Pticha*) je stěžejní práce, s jejíž pomocí člověk vstupuje do Vyššího světa. Největší kabalista minulého století, Jehuda Leib HaLevi Ašlag (zvaný Ba'al HaSulam), napsal tento článek jako jeden z úvodů ke Knize *Zohar*. Bez zvládnutí materiálu, který je vysvětlen v tomto článku, není možné správně porozumět jedinému slovu v Knize *Zohar*.

V připravované publikaci Michael Laitman komentuje *Pticha* a uvádí čtenáře do speciálního jazyka a terminologie kabaly. Odhaluje autentickou kabalu způsobem, který je současně racionální a vyzrálý. Čtenář tak má možnost uchopit logickou strukturu celého univerza a svého života v něm. Tato práce nemá sobě rovné z hlediska jasnosti, hloubky a přitažlivosti pro intelektově zaměřené čtenáře, kteří chtějí proniknout k jádru základních otázek o smyslu života.

Bez této knihy není možné v kabale pokročit. Je to klíč k veškeré kabalistické literatuře: k Učení deseti *Sfirot* (*Talmud Eser Sfirot*) – základní současné kabalistické učebnici, ke Knize *Zohar* i ke knihám Ariho. Je to klíč ke dveřím, které vedou z našeho do duchovního světa.

O organizaci *Bnei Baruch*

Bnei Baruch je nezisková organizace, která šíří moudrost kabaly, aby se urychlil duchovní růst lidstva. Kabalista Michael Laitman, Ph.D., žák a osobní asistent rabiho Barucha Šaloma HaLeviho Ašlaga (Rabaše), syna rabiho Jehudy Leiba HaLeviho Ašlaga (Ba'ala HaSulama, dosl. Pána žebříku, protože napsal tzv. „Žebřík", hebr. *Sulam*, jak se nazývá jeho „Komentář ke Knize *Zohar*"), kráčí ve šlépějích svého Učitele a vede skupinu k cíli mise. Jméno organizace – na počest Rabaše – v překladu znamená „Synové Barucha".

Laitmanova vědecká metoda poskytuje jedincům všech věr, náboženství a kultur přesné nástroje nutné k nastoupení fascinující cesty sebeobjevování a duchovního vzestupu. Organizace *Bnei Baruch* se soustřeďuje především na vnitřní procesy, jimiž každý prochází vlastním tempem, a vítá lidi každého věku a všech životních stylů, kteří se chtějí podílet na tomto prospěšném procesu.

V posledních letech probíhá masivní celosvětové hledání odpovědí na otázky života. Společnost ztratila schopnost vidět realitu takovou, jaká skutečně je, a na jejím místě se objevily povrchní a často zavádějící koncepty. *Bnei Baruch* oslovuje všechny, kdo usilují o více než o běžné povědomí. Oslovuje lidi, kteří chtějí pochopit skutečný smysl své existence.

Bnei Baruch nabízí praktické vedení a spolehlivou metodu pro pochopení světového fenoménu. Autentická výuková metoda Ba'ala HaSulama nejen pomáhá překonávat zkoušky a strasti každodenního života, ale spouští procesy, díky nimž jednotlivci překonávají aktuální hranice a omezení.

Ba'al HaSulam zanechal pro tuto generaci studijní metodu, která v podstatě trénuje jednotlivce, aby se chovali, jako by již dosáhli dokonalosti Vyššího světa, byť zůstávají zde, na nižší úrovni. Slovy Ba'ala HaSulama: „Tato metoda je praktický způsob k proniknutí do Vyššího světa, zdroje naší existence, zatímco stále žijeme v našem světě."

Kabalista je badatel, který studuje vlastní povahu pomocí této prokázané, časem otestované a přesné metody. Jejím prostřednictvím dosahuje dokonalosti a kontroly nad vlastním životem a plní skutečné životní cíle. Stejně jako člověk nemůže řádně fungovat v našem světě, aniž by o něm něco věděl, nemůže duše fungovat ve Vyšším světě, když o něm nic neví. Moudrost kabaly tyto znalosti poskytuje.

Kontakt

Bezplatné online kurzy kabaly a další možnosti studia, knihy autentické kabaly v češtině a kontakt na *Bnei Baruch*
www.kabacademy.eu/cz/

Blog Michaela Laitmana
https://www.laitman.cz

Michael Laitman na Twitteru
https://twitter.com/laitmanczsk

Největší celosvětový mediální archiv kabaly
https://kabbalahmedia.info

www.ingramcontent.com/pod-product-compliance
Lightning Source LLC
LaVergne TN
LVHW011714060526
838200LV00051B/2904